こんな時は、こう言おう！

スラスラわかる

敬語BOOK

美月 あきこ 監修

成美堂出版

はじめに

敬語は自分に自信を与えてくれるコミュニケーションツール

企業研修で、受講生からこのような質問を受けたことがあります。

「相手により敬語を使ったり使わなかったり、座る位置に上や下のルールがあるなど、社内外の人間関係に上下関係を作るのは、今の時代に逆行するのではないでしょうか」

確かに、敬語は年長者に対して使う言葉だと言われることが多いのも事実です。しかし、実際のビジネスシーンでは、年下の上司や、別部署や取引先などの異なる組織に属する相手であれば、年齢にかかわらず使われています。また、年上である上司が、年下である部下に対してでも、相手をリスペクトしたり、配慮する気持ちを表現する言葉として使われています。

つまり、ビジネスシーンにおける敬語とは、一方が尊大になったり卑下したりすることなく、お互いを尊重し合う、そんなフラットな関係を生み出すとっても素敵な言葉なのです。

先日、こんなやりとりを耳にしました。「お飲み物はコーヒー、お茶、スープ、どちらにいたしますか」。尋ねられた人は「スープをください」と返事。それに対して「少々お待ち下さいませ」と丁寧に答えました。

さて、あなたはこのシチュエーションをどう思いますか?

じつは、「〜どちらにいたしますか」は、間違った使い方です。正しくは、「〜どちらになさいますか」です。そして、「少々お待ち下さいませ」も間違った言い回しです。「お待ち下さい」の元になっているのは、命令文の「お待ちなさい」ですから、待たせるお客様に命令することになるので、一方的にこちら側の都合を押しつけることになり大変失礼です。一見丁寧に見えるやり取りの中にも、このような間違いが潜んでいるのですから、この機会に見直してみませんか。

本書では、バイト言葉や大名言葉といった一般的に間違いやすい言葉はもとより、相手の心をグッと掴める印象アップの敬語まで臨場感いっぱいのシーン毎に網羅されています。

この本がきっかけとなり、素敵な人間関係の創造にお役に立てたら、嬉しい限りです。

監修 美月あきこ

本書の特長と活用法

本書は、間違いやすいポイントを押さえたうえで、実際に“使える”敬語の例を厳選して取り上げ、効率よく、正しい敬語が身につくような構成になっています。ページの順を追って覚えていく必要はありません。興味のあるところからチャレンジしてみましょう。

Part1　キーワード別敬語

「若者言葉」や「バイト言葉」、「二重敬語」など、キーワードごとに間違いやすいポイントを解説しています。ここを読めば、それがなぜだめなのか、言い換える場合はどう言えばよいのかもわかります。

キーワードごとに間違いやすいポイントを解説。

なぜ使わないほうがよいのかを簡潔に説明。

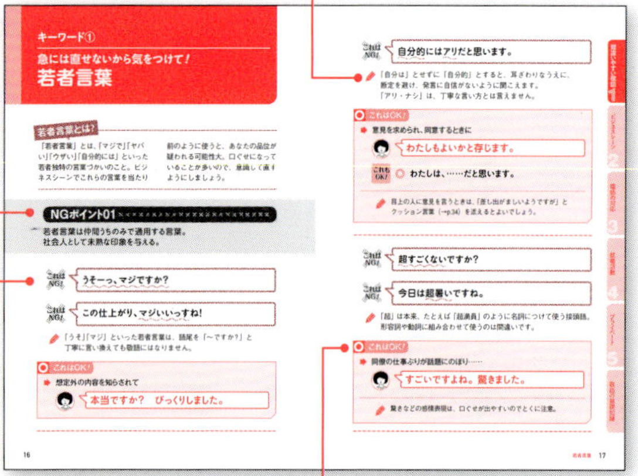
キーワード①

急には直せないから気をつけて！
若者言葉

若者言葉とは？

「若者言葉」とは、「マジで」「ヤバい」「ウザい」「自分的には」といった若者独特の言葉づかいのこと。ビジネスシーンでこれらの言葉を当たり前のように使うと、あなたの品位が疑われる可能性大。口ぐせになっていることが多いので、意識して直すようにしましょう。

NGポイント01

若者言葉は仲間うちのみで通用する言葉。
社会人として未熟な印象を与える。

これはNG！　うそーっ、マジですか？

これはNG！　この仕上がり、マジいいっすね！

「うそ」「マジ」といった若者言葉は、語尾を「～ですか？」と丁寧に言い換えても敬語にはなりません。

これはOK！

想定外の内容を知らされて

本当ですか？　びっくりしました。

16

これはNG！　自分的にはアリだと思います。

「自分は」とせずに「自分的」とすると、耳ざわりなうえに、断定を避け、発言に自信がないように聞こえます。
「アリ・ナシ」は、丁寧な言い方とは言えません。

これはOK！

意見を求められ、同意するときに

わたしもよいかと存じます。

これもOK！　わたしは、……だと思います。

目上の人に意見を言うときは、「差し出がましいようですが」とクッション言葉（→p.34）を添えるとよいでしょう。

これはNG！　超すごくないですか？

これはNG！　今日は超暑いですね。

「超」は本来、たとえば「超満員」のように名詞につけて使う接頭語。形容詞や動詞に組み合わせて使うのは間違いです。

これはOK！

同僚の仕事ぶりが話題にのぼり……

すごいですよね。驚きました。

驚きなどの感情表現は、口ぐせが出やすいのでとくに注意。

若者言葉　17

具体的でそのまま使えるOK例を紹介。

NG例をあげて解説。

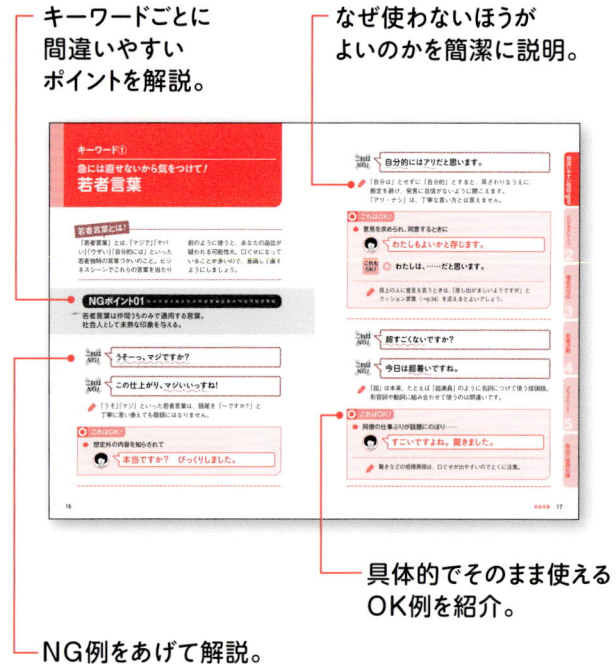

Part2、3、4、5　シチュエーション別敬語

「ビジネスシーン」「電話の対応」「就職活動」「プライベート」といったシチュエーションごとに、そのまま使える敬語を紹介しています。“こんなとき、どう言えばいいんだろう？” と思ったときに、サッと調べて使ってみましょう。

シチュエーションごとに、そのまま使える敬語を紹介。

困ったときにすぐに役立つよう、具体的なシーンを設定。

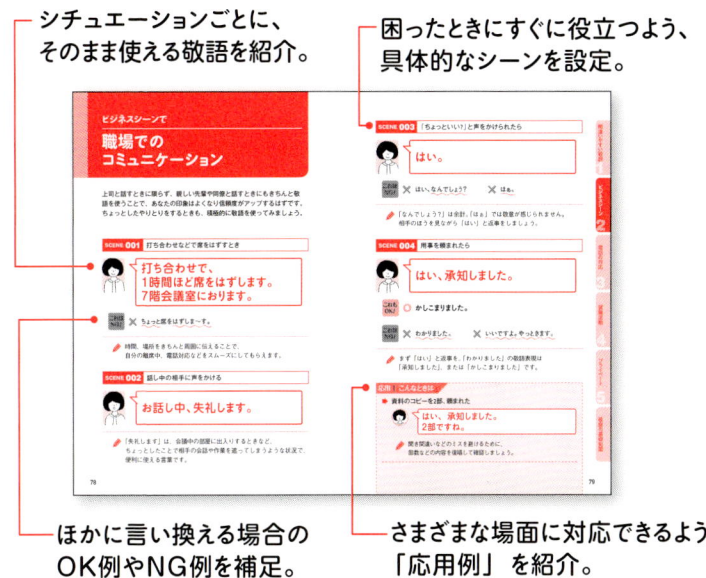

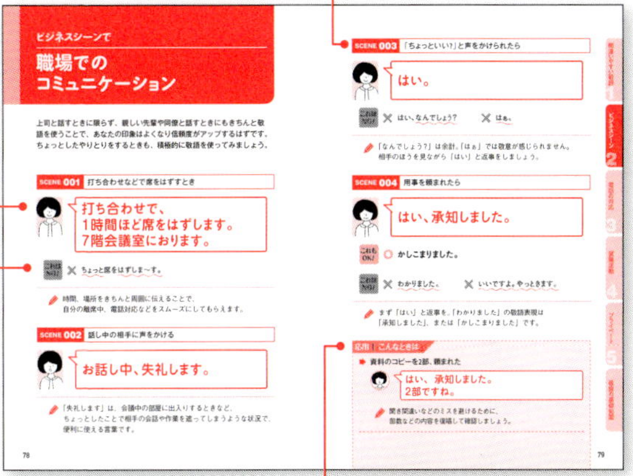
ビジネスシーンで

職場でのコミュニケーション

上司と話すときに限らず、親しい先輩や同僚と話すときにもきちんと敬語を使うことで、あなたの印象はよくなり信頼度がアップするはずです。ちょっとしたやりとりをするときも、積極的に敬語を使ってみましょう。

SCENE 001 打ち合わせなどで席をはずすとき

打ち合わせで、
1時間ほど席をはずします。
7階会議室におります。

× ちょっと席をはずしま～す。

時間、場所をきちんと周囲に伝えることで、自分の離席中、電話対応などをスムーズにしてもらえます。

SCENE 002 話し中の相手に声をかける

お話し中、失礼します。

「失礼します」は、会議中の部屋に出入りするときなど、ちょっとしたことで相手の会話や作業を遮ってしまうような状況で、便利に使える言葉です。

78

SCENE 003 「ちょっといい？」と声をかけられたら

はい。

× はい、なんでしょう？　× はぁ。

「なんでしょう？」は余計。「はぁ」では敬意が感じられません。相手のほうを見ながら「はい」と返事をしましょう。

SCENE 004 用事を頼まれたら

はい、承知しました。

これもOK! ○ かしこまりました。

× わかりました。　× いいですよ。やっときます。

まず「はい」と返事を。「わかりました」の敬語表現は「承知しました」、または「かしこまりました」です。

応用｜こんなときは

資料のコピーを2部、頼まれた

はい、承知しました。
2部ですね。

聞き間違いなどのミスを避けるために、部数などの内容を復唱して確認しましょう。

79

ほかに言い換える場合のOK例やNG例を補足。

さまざまな場面に対応できるよう「応用例」を紹介。

コラム「これでレベルUP」

だんだん身についてきた敬語の知識を整理し、さらにレベルアップさせるために、プラスαの敬語の知識を紹介しています。

復習テスト

各章の最後には、復習テストのページを設けています。自分の敬語力を試すために、まずこのテストにチャレンジしてみるのもおすすめです。

巻末付録「敬語の基礎知識」

敬語についての知識をより深めるために、基礎的な内容をまとめました。「尊敬語・謙譲語一覧」や「改まり語一覧」もぜひ活用してください。

もくじ

敬語の達人になるための第一歩

敬語は、すぐに身につくものではありません。
でも、敬語を意識し、積極的に使うことで
確実にレベルアップがはかれます。
まずは、効率よく上達するためのコツを知り、
敬語の最低限のきほんを押さえておきましょう。

どうしたらスムーズに敬語が使えるようになる？

次の3ステップでレベルアップをめざしましょう!

Step1 なぜ敬語を使う必要があるのか知っておこう

そもそも敬語とは、相手（または、話題に登場する人物）に対して敬意を表すための言語表現です。ひと言で簡潔に敬意を示すことができ、相手とのよい関係を築くために“使える!”コミュニケーションツールだといえるでしょう。使いこなせば、必ず自分にとってプラスになるはずです。

Step2 間違いを知り正しい敬語を覚えよう

改めて敬語を意識してみると、さまざまな場面でいろいろな敬語が使われていることに気づくはず。でも、なかには、間違っているのに正しいと勘違いされて使われている言葉も……。間違いやすいポイントを押さえたうえで、適切な使い方や言い換えのパターンを覚えていくのが効果的です。

Step3 失敗をおそれず積極的に敬語を使ってみよう

たとえ本の内容をまる暗記したとしても、実際のさまざまな場面でスッと敬語が出てくるわけではありません。最初は間違えてもOK! 積極的に敬語を使ってみましょう。どんどん口に出してみることが、使いこなせるようになる近道です。

ここを押さえる!

敬語のきほんの「き」

敬語には大きく5つの種類があります。
それぞれ、敬意の表し方が違うのがポイント。
これを使い分けることが敬語上達のポイントです。

自分の行為やものごとを改まった表現で言う（謙譲語Ⅱ）

相手の行為やものごとを直接高める（尊敬語）

自分の行為やものごとが向かう先の人物を高める（謙譲語Ⅰ）

ものごとを美化して上品に言う（美化語）

相手を問わず、丁寧に言う（丁寧語）

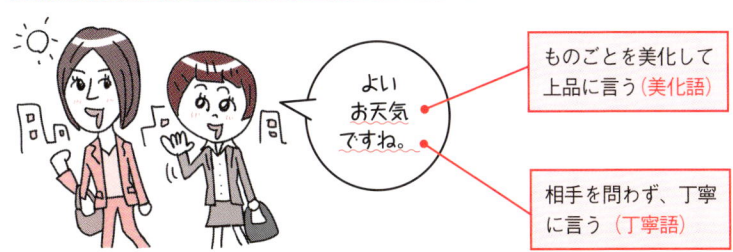

まずはこれだけ覚えよう

きほんの8敬語

さまざまな場面でよく使われる敬語表現を集めました。
この8つがスラスラと言えるようになれば、
敬語のきほんはクリアです!

\\きほん1//

おはようございます。

自分はすでにきちんとあいさつできている、と思う人は、あいさつの質をレベルアップ!キリッとした態度で、明るく気持ちのよいあいさつを心がけましょう。

\\きほん2//

お世話になっております。

社外の人に対するきほんのあいさつ。
「いつも大変お世話になっております」ならより丁寧な印象に。
社外の人に「お世話さまです」や「お疲れさまです」は使いません。

\\きほん3//

お疲れさまです。

仕事を終えたあとなどに、
目上の人に対して、ねぎらいの言葉を
かけたいときに使います。
「ご苦労さま」は、目上の人に対しては
使いません。

\\きほん4//

承知いたしました。

「わかりました」の謙譲表現です。
「かしこまりました」でもOK。
どちらを使うかは好みによりますが、
「かしこまりました」のほうがやわらかい
印象をもつ人が多いようです。

\\きほん5//

失礼いたします。

相手に話しかけるときや、
誰かがいる部屋に入室するときなど、
自分が何かをするときに、
相手に対して断りを入れるような場面で
使います。

＼きほん6／

ありがとうございます。

感謝の気持ちを表すきほんの言葉です。
さまざまな場面で、
はっきりと声に出して
気持ちを伝えるように心がけましょう。

＼きほん7／

恐れ入ります。

ありがたく思い恐縮する気持ちや、
申し訳なく思う気持ちを伝えたいときに
便利な言葉です。
クッション言葉（→p.34）にもなります。

＼きほん8／

申し訳ありません。

ビジネスシーンでは
「ごめんなさい」「すみません」は不適切。
謝罪の気持ちを伝えたいときに、
スッとこの言葉が
出てくるようにしましょう。

Part1

キーワード別敬語
間違いやすいポイント

自分では丁寧に話しているつもりでも、
相手に失礼な印象を与えている場合があります。
間違いに気づき、自分の言葉づかいを直すことは、
敬語力アップの近道。
キーワード別にポイントを押さえておきましょう。

キーワード①

急には直せないから気をつけて！
若者言葉

若者言葉とは？

「若者言葉」とは、「マジで」「ヤバい」「ウザい」「自分的には」といった若者独特の言葉づかいのこと。ビジネスシーンでこれらの言葉を当たり前のように使うと、あなたの品位が疑われる可能性大。口ぐせになっていることが多いので、意識して直すようにしましょう。

NGポイント01

若者言葉は仲間うちのみで通用する言葉。社会人として未熟な印象を与える。

これはNG！ うそーっ、マジですか？

これはNG！ この仕上がり、マジいいっすね！

「うそ」「マジ」といった若者言葉は、語尾を「〜ですか？」と丁寧に言い換えても敬語にはなりません。

これはOK！

➡ 想定外の内容を知らされて

本当ですか？　びっくりしました。

これはNG!

自分的にはアリだと思います。

「自分は」とせずに「自分的」とすると、耳ざわりなうえに、断定を避け、発言に自信がないように聞こえます。
「アリ・ナシ」は、丁寧な言い方とは言えません。

これはOK!

➡ 意見を求められ、同意するときに

わたしもよいかと存じます。

これもOK! **わたしは、……だと思います。**

目上の人に意見を言うときは、「差し出がましいようですが」とクッション言葉（→p.34）を添えるとよいでしょう。

これはNG!

超すごくないですか？

これはNG!

今日は超暑いですね。

「超」は本来、たとえば「超満員」のように名詞につけて使う接頭語。形容詞や動詞に組み合わせて使うのは間違いです。

これはOK!

➡ 同僚の仕事ぶりが話題にのぼり……

すごいですよね。驚きました。

驚きなどの感情表現は、口ぐせが出やすいのでとくに注意。

これは NG!

この料理、めちゃくちゃヤバくないですか?

「やばい」は本来、危険や不都合な状況を表す言葉。
「最高」「よい」という意味で使うのは間違いです。

これは NG!

超むかつく。ウザいんですけど。

「むかつく」「ウザい」といった感情むきだしの表現は、
使うべきではありません。「キモい」や「きしょい」も同様。

これはOK!

上司から注意を受けて

**申し訳ございません。
以後、注意します。**

指摘してもらったことをありがたく受け止めましょう。

これは NG!

ぶっちゃけ、どうですかね。

「ぶっちゃけ」は、「打ち明けて言えば」が省略され変化したもの。
使うのであれば「率直に申し上げると」などに言い換えを。

これはOK!

取引先との交渉時に

**率直に申し上げると、今回の件は
実現がむずかしいかと存じます。**

NGポイント02

**言葉の使い方が文法的に間違っている！
堂々と使うのは恥ずかしい。**

これはNG！ **全然大丈夫です！**

これはNG！ **全然OKです！**

「全然」のあとには否定形を組み合わせるのが正しい使い方。

これはOK！

➡ 約束時刻に遅れてきた相手のお詫びの言葉に対して

まったく問題ありません。

これはNG！ **それってあり得なくないですか？**

「あり得ない」は「あるはずがない」の意味。
否定の言葉を否定する、という
まわりくどくおかしな表現になっています。

これはOK！

➡ おかしい、ということに同意する

本当ですね。信じられませんよね。

素直に表現したほうが、すんなり相手に伝わります。

NGポイント03

**意味があいまいな言葉や
無意味な接続語を多用すると耳ざわりになる。**

これは NG!

ていうか、どうでもいいっていう感じですよね。

これは NG!

ていうか、おかしくないですか?

「ていうか」は、話を転換するときに使われていますが、
「感じ」とぼかす表現や、語尾を上げる話し方とあいまって、
軽薄でなれなれしい印象を相手に与えてしまいます。

これは NG!

なんか、いまいちって感じ?

「なんか」は「何と言うか」「なんだか」を省略した言葉。
「いまいち」とあわせて無責任な印象を与え、
「感じ?」と疑問形にすることで、一層投げやりな印象を与えます。

これはOK!

相手のアイデアが期待はずれだったとき

**こちらの説明不足だったかもしれません。
この部分を中心に、
再度ご検討いただけませんか?**

安易な感想や相手の否を口にする前に、
自分側の段取りなどに不備はなかったか、
改善するためにはどうしたらよいのかを考えましょう。

これはNG!

なにげに、これイケてません？

これはNG!

これ、よさげじゃないですか？

「何となく」という意味の「なにげに」はなくてもよい単語。
「よさそうな感じがする」が変形した「よさげ」は、
ふつうに「よさそうに思います」と言ったほうがよいでしょう。

これはOK!

➡ 商品サンプルの出来をチェックして

わたしは、よいと思います。

これはNG!

○○とも話したんですけど、
みんなでやろう、みたいな。

「みたいな」で終わると、結論が不鮮明。
「みんなでやろうという方向になりました」とすれば
すっきりした表現に。

これ、なんか
よさげじゃない
ですか？
なにげに
かわいい
っていうか。
………。

NGポイント04

**省略言葉や造語、業界用語の多用は
コミュニケーションを遠ざける。**

これはNG!

なるはやでお願いします!

「なるはや」は「なるべく早く」を短縮したものですが、
「お願い」とつけても、誠実さや謙虚さは伝わりません。

これはOK!

急ぎで返送をお願いしたいとき

**恐れ入りますが、
早急にご返送いただけますでしょうか。**

これはNG!

ハンパないですよね。

程度がはなはだしいさまを表す「ハンパない」や「パネエ」は、
社会人が使う言葉としては軽薄で不適切です。

これはOK!

完璧にこなされた仕事を見て

**徹底していますね。
見習いたいと思います。**

単に感想を述べるだけでなく、自分の仕事と結びつけ、
前向きに取り組む姿勢を見せましょう。

これは NG!

いまちょっと、テンパってまして。

これは NG!

〜が見つからず、パニクってしまいまして。

マージャン用語から発生した「テンパる」、英語のパニックを動詞にした「パニクる」はともに余裕がないようすを表す俗語です。ビジネスシーンでは使わないようにしましょう。

これはOK!

➡ 忙しいときに遅れている書類を催促されて

ただいま立て込んでおりまして、
申し訳ありません。
あと1時間ほどで
お送りしたいと存じます。

これは NG!

先方にドタキャンされまして。

「ドタキャン」は「土壇場キャンセル」を省略した言葉。
遠まわしに相手を責めるようで、印象のよい言葉ではありません。

これはOK!

➡ 先方が来られなくなったことを上司に伝える

○○様が来られなくなったそうです。
打ち合わせは中止になりました。

ここでは、「打ち合わせが中止になった」という仕事の進行に関わる内容を簡潔に伝えることが重要。

これでレベルUP①

こんな口ぐせ・話し方に要注意！

正しい敬語を使うことができても、ちょっとした口ぐせや話し方によって、印象を悪くしてしまうことがあります。ふだん意識することのない自分の口ぐせや話し方を、この機会に客観的に見直してみましょう。

つねに否定形から話を始める

これはNG！

でも、……ですよね。

口ぐせのように「でも～」と否定的に話し始めるのは、言いがかりをつけているようで印象がよくありません。

無意味な言葉を繰り返す

これはNG！

え～と、あの～、……でですね。

自分のなかで話す内容が整理されていないときなどに
これらの言葉が出てしまいがちですが、多用すると耳ざわりです。

相手に同意を求める

これはNG！

私って、……じゃないですか～。

自分のことを説明するときに、相手もさも知っているかのように
「……じゃないですか」と言われても、
相手は「そんなこと知らないよ」と不愉快に思うだけです。

語尾を伸ばす

これはNG!

……なんでぇ〜、
……なんですよぉ〜。

語尾を伸ばす話し方は、甘えている印象を与えてしまいます。社会人になったら、きちんと美しい話し方を心がけましょう。

語尾を上げて疑問形にする

これはNG!

……みたいな？　そんな感じ？

自分に自信がなく、相手のようすをうかがっているような印象を相手に与えてしまいます。

キーワード②

上から目線、あなたは何様？
大名言葉

大名言葉とは？

相手を立てているつもりで、じつは自分のほうを高い位置に置いている“上から目線”の話し方を、「大名言葉」と言います。大名言葉は敬意が伝わらないばかりか、相手を不愉快にさせてしまうこともあります。

NGポイント01

本来は目上の人が使う言葉。
目下が使うと無礼になってしまう。

これはNG！

ご苦労さまでした。

「ご苦労」は上位の人が下位の人の労苦をねぎらう言葉。
大名が部下の働きに対してかける言葉のイメージです。
「ねぎらい」には上から下へかけるニュアンスがあります。

これはOK！

➡ 先に帰る上司にあいさつするとき

お疲れさまでした。

ただし「お疲れ〜」や「お疲れっした」のように省略するのは、
相手を同僚扱いすることになり軽薄な印象です。

これはNG!

了解です!

「了解」は「説明や指示を理解し、納得した」という意味で、目上から目下に使う言葉です。仲間うちはともかく、目上の人には使わないようにしましょう。

これはOK!

指示や連絡を受けて

承知いたしました。

これもOK!

かしこまりました。

どちらも「わかりました」を敬語に言い換えたもの。「わかりました」は、先輩など距離の近い相手であれば、使ってもよいでしょう。

これはNG!

お世話さまです。

宅配の配達人など、ふだん労力を提供してくれる人に対するあいさつとしてよく使われますが、目上の人や取引先の人に使うのは失礼です。

これはOK!

顔見知りの取引先の人と社内で出会ったとき

お世話になっております。

社外の人へのあいさつは、「お世話になっております」がきほん。「お世話さま」「ご苦労さま」「お疲れさま」は使いません。

NGポイント02

目上の人を偉そうに評価!?
褒《ほ》めたつもりが相手を不快にさせる。

これはNG!

部長、さすがですね！　結構お上手ですね!

「褒める」態度は上から目線で、
相手を評価することになるので注意が必要。さらに
「結構」や「案外」「意外と」が加わると無礼さが倍増します。

これはOK!

上司のゴルフの腕前に感心したとき

私にも教えていただけませんか?

相手を直接評価するのではなく、「教えてほしい」「憧れる」など
自分がへりくだった表現をするとよいでしょう。

これはNG!

なるほどー。それはよい案ですね。

「なるほど」は同意の相づちとして使われますが、
敬意を含む言葉ではないので、多用は避けましょう。
「よい案ですね」は評価に聞こえます。

これはOK!

相手の言うことに納得し、賛同するとき

おっしゃるとおりですね。

これはNG!

別に。いいですよ。

「別に」は、「とくに言うほどのことはない」という意味。
誠意が感じられず、おざなりな対応という印象です。

これはOK!

➡ 許可を求められて

わたくしのほうは、差し支えありません。

➡ ほかに意見があるか、と尋ねられ

とくにございません。

敬語を使うだけでなく、口調や態度でも誠意を表せば、
お互いに気持ちよくコミュニケーションがとれるでしょう。

これはNG!

参考になりました。

「参考」とは「自分の考えを決める手がかり」という意味。
この言い方では、相手の厚意を「参考程度」に受け止めた、
というニュアンスになってしまいます。

これはOK!

➡ 上司から仕事のアドバイスをもらったとき

ありがとうございました。
大変勉強になりました。

「教えてもらい勉強になった」と、謙虚に感謝を伝える姿勢が大事です。

これは
NG!

**いまの説明で
おわかりいただけましたか？**

「お」と「いただけましたか」で形は敬語になっていますが、
相手の理解をはかるような内容が失礼。
先生が生徒に「わかりましたか？」と言っているのと同じです。

これはOK!

➡ 企画や商品の説明を取引先にしたときに

**説明不足の点は
ございませんでしょうか？**

相手の理解を問うのではなく、自分の説明の仕方を問いかけます。
もっとシンプルに「説明は十分でしたか？」でもOK。

これは
NG!

メールはできますか？

「できますか？」は、相手に「する技量（能力）があるか」と
相手を試すような聞き方です。
「できる・できない」ではなく、別の聞き方をすべきでしょう。

これはOK!

➡ 電話の相手がメールを使うか確かめたいとき

**メールはお使いになりますか？
メールでお送りしてもよろしいでしょうか？**

ふだん使っているか、こちらからメールを送っても差し支えないか、
という聞き方なら失礼になりません。

これは NG!

今日の服、いいじゃないですか!

「いい」というほめ方は上から評価しているように聞こえます。わざわざ「今日の」とつけると、「いつもは違うということ?」と勘繰られてしまうことも。

これはOK!

先輩の服に感心したとき

すてきなワンピースですね。

これも OK! **センスがいいワンピースですね。**

女性同士なら、「すてき」がほとんどの場合で通用します。
服や持ち物のセンスをほめれば、
着ている人のセンスがいいとほめることになります。

部長って、
Bcc:の送り方、
おわかりになります?
ムッ
その聞き方
失礼だぞ

NGポイント03

**自分の立場を取り違えると、
相手に失礼な言い方に。**

これはNG!

こちらから電話を入れていいですか?

「電話を入れる」は同僚あるいは目下の人への言葉。目上の人には「する」の謙譲語「いたす」や「差し上げる」を使います。

これはOK!

➡ 取引先の人と連絡方法を相談するとき

こちらからお電話いたしましょうか?

丁重な言葉「いたします」を使いましょう。
より丁寧に表現するなら「お電話を差し上げますが。
いかがいたしましょうか?」と言います。

これはNG!

担当者がつかまらないので。

「つかまらない」は仲間うちの言葉です。ビジネスシーンでは、くだけすぎているうえ、言い訳がましく聞こえます。

これはOK!

➡ 担当者と連絡がとれないことを上司に報告する

**ご担当の○○さんと
連絡がとれないのですが……。**

これはNG!

～して差し上げましょうか？

「差し上げる」は「与える」の謙譲語。
「して差し上げる」は丁寧に表現しているものの、
もとは「してあげる」。上から目線で恩着せがましい言葉です。

これはNG!

どうかいたしましたか？

「いたす」は「お話しいたします」のように、
自分の行為に使用して丁重さと謙譲の気持ちを表す言葉です。
相手の様子に対して使う言葉ではありません。

これはOK!

➡ 困っている様子の上司を見て

いかがなさいましたか？

これはNG!

ご一緒します。

「一緒」を「ご一緒」と丁寧に表現してはいますが、
“上から目線”ととられてしまうことがあります。

これはOK!

➡ 「一緒に行く?」と目上の人に聞かれたとき

はい、お供させていただきます。

これもOK! ○ ご一緒させていただきます。

これでレベルUP②

クッション言葉を覚えよう！

「クッション言葉」とは、「恐れ入りますが」をはじめ、本題に入る前に頭に添えて使う言葉。言い出しにくい内容など、いきなり用件を言わずにワンクッションおくことで、内容をやわらかく伝えることができます。

お願いするときに

恐れ入りますが

大変恐縮ですが

お手数をおかけしますが

ご面倒でなければ

恐れ入りますが
こちらをご確認
いただけますで
しょうか?

何度もお願いするときに

たびたび恐れ入りますが

重ね重ね申し訳ありませんが

言いにくいことを伝えるとき

大変申し上げにくいのですが

失礼とは存じますが

お詫びをするとき、断るとき

申し訳ございませんが

あいにくですが

大変残念ではございますが

お断りするのは心苦しいのですが

尋ねるとき

失礼ですが

おうかがいしたいのですが

キーワード③

間違ったまま定着している
バイト言葉

バイト言葉とは?

飲食店やコンビニなどでマニュアル化された接客の言葉です。耳なれた言葉が多くありますが、なかには敬語として不自然で落ち着かない表現もあります。どこが不自然なのか、意味を理解しておきましょう。

NGポイント

一見、お客様に丁寧なようで
実際は丁寧ではない。

これはNG!

ご注文の品は
以上でよろしかったでしょうか?

食事の前や最中に「よろしかった」と過去形で聞くのは不自然です。

これはOK!

➡ 注文の料理がそろっているか確かめるとき

ご注文の品は
以上でよろしいでしょうか?

「以上でよろしいでしょうか?」が正しい言い方。
この言い方を習慣づけましょう。

これは NG!

こちら、メニューになります。

これは NG!

お待たせいたしました。
コーヒーになります。

「なります」は、「春になる」「10歳になる」のように
自然に事物が変化することを表す動詞。
例文のように使うのは間違いです。

これはOK!

飲食店でコーヒーを置くとき

お待たせいたしました。
コーヒーでございます。

これも OK!　**コーヒーをお持ちいたしました。**

複数の飲み物があるときは
それぞれ「～でございます」と配ぜんするとスムーズ。

Check!

表面的ではなく気持ちを込めた対応がポイント

　応答のマニュアルが定められている職場では、言葉を繰り返して習慣になってしまうと、口先だけになりがち。すると一度「お弁当は温めますか?」と聞いて返事をもらったのにまた聞いてしまう、大量のテイクアウトの注文に再び「店内でお召し上がりですか?」と尋ねるようなことが起こります。口先だけではなく、自分の気持ちを通して尋ねていれば、何度も口から出るようなことはないはず。マニュアルの背景にあるサービス精神を理解しておくことが大切です。

これは NG!

メニューはご覧になられますか?

「ご覧になる」は「見る」の、「なられる」は「なる」の尊敬語。
敬語を二重にした言葉を二重敬語と言います（→p.44）。
くどい印象になってしまうので注意。

これはOK!

➡ メニューが必要か問いかけるとき

別のメニューはご覧になりますか?

「見る」をシンプルに尊敬語に言い換え、
「ご覧になりますか」と尋ねればOK。

これは NG!

店内でお召し上がりですか?

これは NG!

店内でお召し上がりになられますか?

「召し上がる」はそれだけで「食べる」の尊敬語。
さらに高めるなら「お～になる」の形で
「お召し上がりになる」となります。
「ですか?」は誤り、「なられますか?」は二重敬語です。

これはOK!

➡ テイクアウトするか店内で飲食するか尋ねるとき

店内で召し上がりますか?

これも OK! ○ **店内でお召し上がりになりますか?**

これはNG!

**30分ほど
お待ちいただく形になります。**

「形になる」は「花の形」のように輪郭がイメージできるもの、「自己推薦の形」のように形式に使う言葉です。

これはOK!

約30分かかることを知らせるとき

**30分ほどお待ちいただきますが、
よろしいでしょうか?**

これはNG!

**お水のほうは
いくつお持ちしましょうか?**

これはNG!

お弁当のほうは温めますか?

「〜のほう」は「Aは○個、Bのほうは○個」というように、2つ以上のものについて語るときや方向を示すときの言葉です。

これはOK!

お客様に必要な数を尋ねる

お水はいくつお持ちいたしましょうか?

お弁当を温めるか確認する

お弁当は温めますか?

これは NG!

1000円になります。

これは NG!

カードのお返しになります。

複数の商品を合計した結果「合計で1000円になります」
という言い方であればOKですが、いつでも「なります」は不自然。
カードを返すときも「カードになります」は不自然です。

これはOK!

レジで合計金額を伝えてカードを返すとき

合計1000円になります。

これも OK!

1000円でございます。
カードをお返しいたします。

1000円に なります。
4000円の お返しになります。
5000円から お預かり いたします。
なんだか 違和感が……。

これはNG!

5000円からお預かりいたします。

「から」を使えるのは「5000円から、1000円をいただきます」と、おつりの計算も含んだ表現です。

これはOK!

おつりがある場合

5000円お預かりいたします。

おつりが必要ない場合

5000円ちょうど、いただきます。

合計やおつりの金額をきちんと把握してやりとりすることが、言葉づかいはもちろん、計算間違い防止にもなります。

これはNG!

4000円のお返しになります。

「おつりは、計算すると4000円になります」と言うことはできますが、例文は不自然。「メニューになります」と同様に、「〜になります」を広く使いすぎるのがバイト言葉の特徴のひとつです。

これはOK!

おつりを返すとき

4000円お返しいたします。

日頃から「〜になります」という言い方をしないよう、注意しましょう。

これでレベルUP③

じつは間違っている！勘違い敬語

敬語上達のために、よく耳にする言葉を使ってみることはとても効果的ですが、なかには間違ったまま定着している“勘違い敬語”も……。知らずに恥をかかないよう、正しい言い方を覚えておきましょう。

相手に褒《ほ》められ、謙遜して……

これはNG！ **とんでもございません。**

「思いもかけない」という意味の「とんでもない」は、
「とんでも＋ない」と分けずに、「とんでもない」で一語。
「ない」を「ございます」に言い換えるのは間違いです。

言い換えるなら

とんでもないことです。 これはOK！

とんでもないことでございます。 これはOK！

電話応対時などに相手の名前を尋ねるとき

これは NG!

お名前をいただけますか？

これは NG!

お名前を頂《ちょう》戴《だい》できますか？

名前は「もらう」ものではなく、聞いたり尋ねたりするものなので、ここでは、「聞く」の謙譲語「お聞きする」「うかがう」を使います。

言い換えるなら

お名前をお聞かせいただけますか？

これは OK!

お名前をうかがってもよろしいですか？

これは OK!

取引先の人に「吉田さんはいるか？」と聞かれて

これは NG!

吉田はお休みをいただいております。

休みを与えているのは自分の会社。取引先との会話のなかで、自分の会社に対して敬語は使いません。「休み」に「お」をつけ「お休み」に、「もらう」を「いただく」としているところが間違い。

言い換えるなら

休みをとっております。

これは OK!

休んでおります。

これは OK!

キーワード④

丁寧なつもりがじつは失礼

二重敬語

二重敬語とは?

「二重敬語」とは、ひとつの語に対して同じ種類の敬語を二重に使ったもの。過剰な敬語は耳ざわりで、相手に違和感を与えることがあるため、使わないほうがよいとされています。敬語は重ねれば敬意が高まるというものではありません。すっきりとした言い回しを心がけましょう。

NGポイント01

もっとも多い間違いは「～になられる」。
尊敬語に、さらに「～れる」「～られる」を重ねる例。

これはNG!

ご覧になられますか?

「見る」を尊敬語に言い換えると「ご覧になる」。
ここでは、「ご覧になりますか?」が正しい敬語。

これはOK!

商品に興味を示すお客様に対して

ご覧になりますか?

目上の人に確認をお願いするときなどには、
「お目通しいただけますか?」と言います。

これはNG!

**お客様が
お見えになられました。**

尊敬語の「お見えになる」に
さらに「～られる」を重ねると二重敬語になります。

これはOK!

お客様が来たことを上司に伝える

お客様がお見えになりました。

これもOK! **お客様がお越しになりました。**

これもOK! **お客様がいらっしゃいました。**

「お見えになる」「お越しになる」「いらっしゃる」、
さらに「おいでになる」「来られる」でもOK。
どれも、目上の人が「来てくれる」ことに敬意を表す表現です。

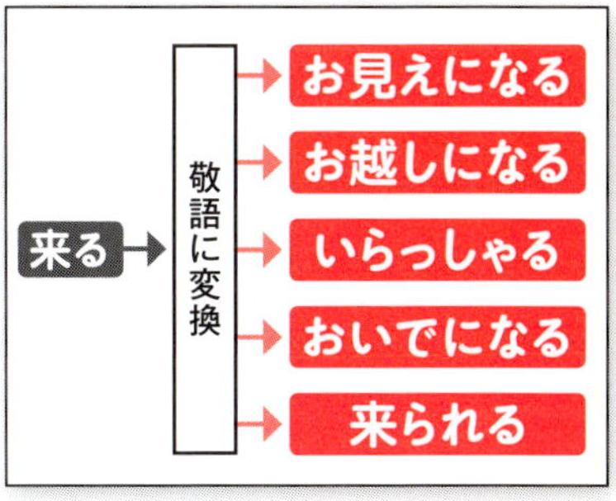

これは NG!

お帰りになられました。

他部署の上司から、自分の上司がいるかどうか
尋ねられたときなどによく使う表現。
ここでは「お帰りになりました」が正解です。

これはOK!

他部署の人に「部長はいる?」と聞かれて

中村部長は
お帰りになりました。

これも OK! **中村部長は帰られました。**

これは NG!

ゴルフをなされるそうですね。

「する」を敬語表現に言い換えると「なさる」。
さらに「～れる」をつける必要はありません。

これはOK!

先輩の趣味がゴルフだと聞いて

ゴルフをなさるそうですね。

これも OK! **ゴルフをされるそうですね。**

「なさる」でも「される」でもOK。
過剰な敬語は、回りくどく内容が伝わりにくくなるので、
すっきりと伝わる表現を心がけましょう。

間違いやすい二重敬語一覧

間違いやすい例を整理しておきましょう。

	×二重敬語(間違い)	○正しい敬語
会う	お会いになられる	お会いになる
言う	おっしゃられる	おっしゃる
帰る	お帰りになられる	お帰りになる 帰られる
聞く	お聞きになられる	お聞きになる
希望する	ご希望になられる	希望される
来る	お見えになられる	お見えになる お越しになる いらっしゃる おいでになる
出席する	ご出席になられる	ご出席になる
する	なされる	なさる
食べる	お召し上がりになられる	お召し上がりになる
話す	お話しになられる	お話しになる
見る	ご覧になられる	ご覧になる
求める	お求めになられる	お求めになる
戻る	お戻りになられる	お戻りになる
休む	お休みになられる	お休みになる
利用する	ご利用になられる	ご利用になる

NGポイント02

謙譲語が二重になっている「ご（お）＋謙譲語」の例。

これはNG！

ご拝読いたしました。

「拝読する」は「読む」の謙譲語で、目上の人からの手紙やメールなどを読んだということを伝える言葉です。さらに「ご」をつける必要はありません。

これはOK！

取引先からの資料を受け取り、その返事として

お送りいただきました資料を、拝読いたしました。

「受け取った」ことを伝えたいときは、「拝受いたしました」を使います。

これはNG！

ご注文をお承りしました。

「承る」は「受ける」「わかる」の謙譲語。さらに、「お〜＋いたす」も謙譲表現のため、重ねて使うと二重敬語になってしまいます。

これはOK！

お客様から注文を受けて

ご注文を承りました。

NGポイント03

それだけで敬語表現となる「役職」に「様」を重ねた例。

これはNG!

鈴木部長様はいらっしゃいますか?

「部長」「課長」といった役職は、それでけで敬意を表す言葉。さらに「様」をつける必要はありません。言い換えるのであれば、「鈴木部長」、または「部長の鈴木様」に。

これはOK!

訪問先の受付で

部長の鈴木様はいらっしゃいますか?

これもOK!

鈴木部長はいらっしゃいますか?

Check!

「お召し上がりになる」「おうかがいする」は二重敬語でも許容される表現

「お召し上がりになる」は「食べる」の尊敬語「召し上がる」に「お～＋になる」を重ねたもの。一方、おうかがいするは「行く」の謙譲語に「お～＋する」を重ねたもの。どちらも二重敬語といえますが、これらの言い回しは慣例として定着しているため、使用しても問題ないと考えられています。

そもそも敬語は、相手に敬意を示すためのもの。相手に不快感を与えることなく、伝えたい内容を簡潔に伝えることが大切です。例外もあることを心にとめて、こうした言い回しはそのまま覚えてしまうとよいでしょう。

これでレベルUP④

「ご説明させていただきます」は二重敬語?

ひとつの語に対して敬語を重ねる「二重敬語」は、正しい敬語ではありません。であれば、「ご説明させていただきます」も二重敬語でしょうか?ここでは、区別して使い分けたい「敬語連結」について説明します。

二重敬語とは違う「敬語連結」

「敬語連結」とは、ふたつ以上の言葉を敬語表現に言い換えつなげたもの。「二重敬語」と似ていますが、別のものです。たとえば、「お読みになっていらっしゃる」は、「読んでいる」の「読む」を「お読みになる」に、「いる」を「いらっしゃる」に言い換え、接続助詞の「て」でつなげた敬語連結。これは間違いではありません。

ただし、敬語連結は回りくどく感じられることがあるので、多用はしないほうがよいでしょう。

取引先に資料を送ることを伝える

これはOK!

資料をお送りさせていただきます。

「お送りさせていただく」は、「送る」を「お送りする」に、「させてもらう」を「させていただく」に言い換え、つないだもの。もっとシンプルに「お送りいたします」「ご送付いたします」でもOK。

言い換えるなら

資料をお送りします。 これはOK!

資料をご送付します。 これはOK!

会議で仕事の経過を報告するときに

これは OK!

ご報告させていただきます。

「ご報告させていただく」は「報告する」を「ご報告する」に、「させてもらう」を「させていただく」に言い換え、つないだもの。「ご説明させていただきます」も同様に、間違いではありません。

言い換えるなら

ご報告します。 これは OK!

ご説明します。 これは OK!

注意! **ただし、多用すると回りくどい印象に!**

これは NG!

先ほどお送りさせていただきました資料につきまして、ご相談させていただきたく、ご連絡させていただきました。

「～させていただきます」の使い方に注意

「～させていただく」は、本来、「本を送ってください」「では、送らせていただきます」というように、誰かから依頼や許可を得て何かをする場合や、「ぜひ、いらしてくださいね」「では、お言葉に甘えてうかがわせていただきます」というように、相手の厚意を受けて使う言葉。「努力させていただきました」「感動させていただきました」のように、いかにも相手の指示に従ったような言い方は、正しくはありません。

キーワード⑤

敬意が正しく伝わらない
ウチ・ソト逆転敬語

ウチ・ソト逆転敬語とは?

ウチ・ソト逆転敬語とは、相手(ソト)を高める尊敬語と自分(ウチ)を低める謙譲語の使い分けを誤っている敬語。取引先の人との会話のなかで自分の上司が登場する場合などに多くみられます。ウチとソトの区別を間違えないよう、ポイントを押さえておきましょう。

NGポイント01 ××××××××××××××××××××××××

ウチ(自分側)に敬語を使い
ソト(相手側)を立てていない。

これは NG!

(外部からの上司あての電話に対応して)
中村部長は16時にお戻りになります。

部長という役職も敬称のひとつ。
ソトに対してウチの人は原則的に姓のみで呼びます。
「お戻りになる」はウチである部長を立てているので間違い。

これはOK!

➡ 外部からの電話に応対するとき

中村は16時に戻ってまいります。

これは NG!

その件は、中村（自分の上司）から うかがっております。

「うかがう」は「聞く」の謙譲語。
自分を低くしていますが、
その結果、ウチ（上司）を立ててしまっています。

これはOK!

➡ 上司のことを外部の人に話すとき

その件は中村から聞いております。

これは NG!

中村部長にお伝えします。

これは NG!

中村に申し上げておきます。

「お伝えする」は「伝える」の、「申し上げる」は「言う」の謙譲語。
その結果、伝える相手である中村部長を高めています。
ソトの人に対しては、上司もウチとして謙譲表現を使います。

これはOK!

➡ 上司に伝言することをソトの人に伝えるとき

中村に申し伝えます。

「中村に伝えておきます」では、ややぶっきらぼうな印象。
ここでは、丁重な「申す」と「伝える」を合わせた
「申し伝えます」という表現が適切です。

これは NG！

（来客に対し）
ただいま部長がいらっしゃいます。

来客時の応対では、立てるべきはソトであるお客様。
部長の行為「来る」を「いらっしゃいます」と尊敬語で表現すると、
ウチの上司を高めることになります。

これはOK！

➡ 来客に部長が来ることを伝える

**ただいま
部長がまいります。**

これは NG！

どうぞ座ってください。

「ください」で丁寧に聞こえますが、ビジネスの場では敬意が不足。
「お座りください」なら間違いではありませんが、
やや強引な響きがあり、来客へのスマートな敬語とは言えません。

これはOK！

➡ 来客にイスに座るようにすすめるとき

どうぞお掛けください。

これも OK！

**よろしければ、
お掛けになってお待ちください。**

「よろしければ」と意向をうかがうと、よりやわらかい印象に。
相手が急ぎの場合「すぐに済むので」と断りやすくなります。
和室の場合は「お座りになってください」。

これはNG!

弊社の社長がご覧になりました。

「ご覧になる」は「見る」の尊敬語。自社を「弊社」とするのと同様、社長の行為にも謙譲表現を使います。

これはOK!

➡ 自社の社長が見たことを取引先に伝えるとき

社長の加藤が
拝見いたしました。

これはNG!

御社のことは、弊社の中村部長も
ご存じと思いますので……。

「ご存じ」は「知っている」の尊敬表現。ウチの部長が知っていることをソトの人に表現するには、謙譲語を使います。

これはOK!

➡ 上司が知っていることを伝えるとき

部長の中村も
存じ上げていると思います。

Check!

「ソト」に対して自分の上司は「ウチ」の人

家庭では親を「お父さん」と尊敬表現で呼ぶのに対し、他人に話すときは「父が～」と謙譲表現に言い換えるのと同様に、他者（ソト）に対するとき、自分が属する組織はウチとして謙譲表現を使います。ソトの人が加わる会議などでは、この切り替えを意識しておきましょう。

NGポイント02

ソト（相手側）に
謙譲語を使っている。

これはNG！

鈴木課長は
おられますか？

「おる」は「いる」の謙譲表現です。
ソトの人に対しては、尊敬語の「いらっしゃる」を使いましょう。

これはOK！

➡ 取引先に電話をして

課長の鈴木様は
いらっしゃいますか？

これはNG！

詳しくは
受付でおうかがいしてください。

「うかがう」は「尋ねる」の謙譲語。
ウチの受付を高める表現になっているため間違い。
立てるべきなのは、話し相手の来客です。

これはOK！

➡ 来客に受付で聞くようにすすめるとき

詳しくは
受付でお聞きになってください。

これはNG！

こちらで拝見されますか？

「拝見する」は「見る」の謙譲語。
「する」を「される」と尊敬形のようにしていますが、
謙譲語＋尊敬形の組み合わせは間違いです。

これはOK！

➡ カタログなどをここで見るのか尋ねるとき

こちらでご覧になりますか？

これもOK！ **こちらで確認なさいますか？**

「見る」意味なら「ご覧になる」を使います。
より内容に踏み込んで、来客が「確認する」意味があるなら、
尊敬表現「確認なさいますか？」と尋ねましょう。

これはNG！

どういたしますか？

「いたす」は「する」の丁重な謙譲表現です。
「私はこちらでお待ちいたしましょうか？」のように、
自分の行為に対して使います。

これはOK！

➡ 相手にどうするか尋ねるとき

いかがなさいますか？

相手の意向を聞く場合の決まり文句として
覚えておくとよいでしょう。

これは NG!

御社の部長が申されていたように……。

「申す」はビジネスでよく使われる敬語ですが、
謙譲表現なので、ウチの人物に使う言葉です。
ソトの行為には「言う」の尊敬語「おっしゃる」を使います。

これはOK!

➡ 他社の部長が「言っていた」と言いたいときに

御社の部長がおっしゃっていたように……。

これは NG!

一緒にまいりましょうか。

これは NG!

そろそろまいりましょうか。

「まいる」は「行く・来る」の謙譲語。「寒くなってまいりました」
というように、事物を丁重に述べるときにも使います。

これはOK!

➡ 目上の人に一緒に行くかどうか聞くとき

ご一緒にいらっしゃいませんか?

これも OK! ○ **お供いたしましょうか?**

かしこまった場面で同道を申し出るときは、
相手を主体に「いらっしゃる」で表現しましょう。
自分を主体に「お供」と言う方法もあります。

これは NG!

早めにいただいてください。

「いただく」は「食べる」の謙譲語です。
相手の行為「食べる」の敬語には「お食べになる」もありますが、
より語感のよい尊敬語「召し上がる」を使いましょう。

これはOK!

➡ 「早めに食べてください」と言いたいとき

どうぞ、早めに召し上がってください。

これは NG!

資料をご用意できますか?

これは NG!

弊社のエレベーターは現在ご利用できません。

「ご～できる」は、謙譲語の「お～する」に
可能を意味する「できる」を足して変形させたもの。
謙譲語なので、相手の行動を高めることにはなりません。

これはOK!

➡ 資料を用意してもらうよう、お願いする

資料をご用意いただけますか?

➡ エレベーターが使えないことを伝える

エレベーターは現在ご利用になれません。

よく使う言葉はそのまま覚えてしまいましょう。

これでレベルUP⑤

呼称のルールを整理しよう

同じ人物のことを指していても、社内で本人を呼ぶときと、社外での会話のなかで呼ぶときとでは、呼び方が変わります。スムーズに使い分けができるよう、呼称のルールを整理しておきましょう。

自分の上司を呼ぶ

社内で呼ぶとき

❶ 役職名のみ

❷ 名字＋役職名

❸ 名字＋さん

目上の人でも親しい人や、アットホームな雰囲気の職場であれば「名字＋さん」でも問題ありません。

社外で呼ぶとき

❶ 名字のみ

❷ 役職名＋名字

社外では、自分の上司は「ウチ」の人。ついつい社内と同じ呼び方をしないよう、気をつけましょう。

社外の人を呼ぶ

受付などで取り次いでもらう

❶ 名字＋役職名

❷ 役職名＋名字＋様

役職名はそれだけで敬意を示します。「部長」などの役職名に、さらに「様」をつけて、「部長様」とするのは間違いです。

本人と話す

❶ 名字＋役職名

❷ 名字＋さん

「今井部長」というように「名字＋役職名」は、会話のなかではOKですが、手紙やメールでは使わず、「部長 今井様」とします。

自社の謙譲表現

■ **弊社**　■ **小社**

弊社が一般的。小社は相手の会社よりも自社のほうが小さい、という意味を含みます。「当社」「我が社」はへりくだった言い方ではありません。

相手の会社の尊敬表現

■ **御社**　■ **貴社**（貴店、貴行、貴校）

相手がお店であれば「貴店」、銀行の場合「貴行」、学校の場合「貴校」と言います。

相手の親族の尊敬表現

■ 父	➡ お父様、お父上、ご尊父
■ 母	➡ お母様、お母上、ご母堂
■ 両親	➡ ご両親様
■ 夫	➡ ご主人様、だんな様
■ 妻	➡ 奥様
■ 息子	➡ お子様、息子さん、ご子息
■ 娘	➡ お子様、娘さん、ご令嬢、お嬢様
■ 家族	➡ ご家族、皆様

キーワード⑥

立てなくてよいものまで立てている ムダ敬語

ムダ敬語とは?

「とにかく丁寧な言葉に言い換えよう」と意気込んで、敬意を示す必要のない物やペットにまで敬語を使ってしまう場合があります。これが「ムダ敬語」。いくらお気に入りの物やペットでも、敬語を使うのは間違いです。相手に幼稚な印象を与えてしまうので気をつけましょう。

NGポイント

立てる必要のない物や動植物に敬語を使っている。

これはNG!

お車が到着なさいました。

「車」に「お」をつけた「お車」は美化語（→p.220）なので、間違いではありません。車に対して尊敬語を使っている「到着なさいました」が間違い。

これはOK!

➡ 車が到着したことを相手に伝えるとき

〇〇様、お車が到着しました。

これはNG!

〇〇さんのお宅でいらっしゃいますか?

よく使われる言い方ですが、「お宅」を高めているムダ敬語。
「〇〇さんのお宅でしょうか?」で十分です。

これはOK!

➡ お客様の自宅に電話をして

〇〇さんのお宅でしょうか?

これもOK! 〇〇さんでいらっしゃいますか?

「お宅」ではなく「人」を高めるのであれば、
「いらっしゃいますか?」でOK。

これはNG!

雨は降っていらっしゃいましたか?

これでは「雨」に敬語を使っていることに。

これはOK!

➡ 雲行きがあやしいときの来客に

雨は降っていましたか?

これもOK! 雨に降られませんでしたか?

「雨」ではなく、雨のなか訪問してくれた相手を
気遣うのであれば、「降られませんでしたか?」に。

これは
NG!

このアプリケーション、
本当に便利なんですよ。
ぜひ、使ってあげてください。

これは
NG!

パソコンの画面が汚れたら
拭いてあげてください。

物に対して「〜してあげて」と言うのは、
違和感のある表現。
たとえお気に入りのものでも物を立てる必要はありません。

これはOK!

➡ お気に入りのアプリケーションをすすめる

このアプリケーション、
おすすめですので
よろしければお試しください。

強要したり、一方的に主張したりするのではなく、
おすすめするという姿勢がよいでしょう。

これは NG！

植物に水をあげてください。

これは NG！

猫（ペット）にエサをあげてもらえる？

「あげる」は「やる」「与える」の尊敬表現。
植物やペットには「やる」のほうが適切です。

これはOK！

➡ 植物の水やりを思い出して

植物に水をやらなくては！

これは NG！

うちのペットが亡くなって……。

「亡くなる」は人に対して使う表現。
ペットに対しては「死にました」が適切です。

Check！

大切なペットに敬語を使うのは間違い？

原則として、敬語は人に対して使うもの。事物や動植物には敬語を使いません。

ただし、ペットは家族同然の大切な存在。犬を主語として「犬はいらっしゃいますか？」などと言うのは不自然ですが、「ワンちゃん、とってもお行儀がいいですね」と、親しみを込めて丁寧に言うのは間違いとは言えません。結局は、相手を思いやり、不快感を与えない言葉を選ぶことが重要なのです。

これでレベルUP⑥

「お～」「ご～」の使い方をマスターしよう

「お」「ご」をつける敬語には、尊敬語、謙譲語、丁寧語、美化語といろいろな種類があり、使い分けが少々複雑です。「お」「ご」の使い方のポイントを押さえておきましょう。

「お」「ご」のどちらをつけるべき？

「お」「ご」を使う敬語の代表例は、名詞に接頭語をつけるパターンです。この場合、訓読みの言葉（和語）には「お」、音読みの言葉（漢語）には「ご」をつけるのが一般的。「お」は「御」の訓読み「おん」から、「ご」は「御」の音読みからきていると考えるとわかりやすいでしょう。ただし、例外もあります。

「お」をつける言葉

お考え、お気持ち、お力添え、お名前、お住まい、お知らせ、お心遣い

「ご」をつける言葉

ご意見、ご気分、ご協力、ご氏名、ご住所、ご通知、ご配慮

例外

お写真、お世話、お返事、お約束、お食事

原則として自分の動作やものごとには「お」「ご」をつけない

「お」「ご」は、基本的には自分の動作やものごとにはつけません。

たとえば、「写真」という語を丁寧に言い換えたいとき、「○○さんのお写真」であれば問題ありませんが、「わたしのお写真」は間違いです。

これはNG！

- **わたしのお写真**
- **わたしのご住所は……**

これはOK！

- **○○さんのお写真**
- **ご住所をうかがえますか？**

自分から相手に向かう動作には「お」「ご」をつけることがある

自分の動作やものごとであっても、相手に向かい、相手を立てる場合に、「お」「ご」をつけることがあります。この場合の「お」「ご」は、謙譲語の「お・ご〜する（いたす、申し上げる）」（→p.215）の一部と考えます。

ただし、相手に向かう動作でも、相手に動作や返事を要求するような場合で、「お」「ご」を使った敬語の組み立て方によっては、違和感のある表現になってしまう場合があります。

ビジネスシーンでの「報告・連絡・相談」に関わる言葉には、どう言えばよいのか迷いやすいものが多いので、慣例として覚えてしまうのがよいでしょう。

そのまま覚えよう！

ご報告いたします。

ご連絡いたします。

※「報告」を名詞ととらえて接頭語をつけてもOK。

ご報告がございます。

ご相談がございます。

お返事を差し上げます。

ご案内申し上げます。

ご説明いたします。

質問させていただいてもよろしいでしょうか？

ご質問いただいた件ですが

※「ご質問がございます」は違和感のある言い方。

ご依頼申し上げます。

ご依頼いただきました件、

※「ご依頼いたします」は違和感のある言い方。「依頼」を使わずに「お願い申し上げます」などに言い換えても。

復習テスト
Part1

間違いやすい敬語

Q. 敬語の使い方が適切ではないものをⓐⓑⓒから1つ選んでください。

解答数　　　／19問

01 取引先の会社を訪問して……

ⓐ 鈴木様はいらっしゃいますか？
ⓑ 鈴木様はおいでになりますか？
ⓒ 鈴木様はおられますか？

答

02 相手の名前を確認するときに……

ⓐ 佐藤様でいらっしゃいますね。
ⓑ 失礼ですが、お名前をうかがえますでしょうか。
ⓒ 佐藤様でございますね。

答

03 取引先との打ち合わせで……

ⓐ お話は、高橋からうかがっております。
ⓑ お話は、高橋から聞いて存じております。
ⓒ お話は、高橋から承っております。

答

04 （あなたの）言うとおりです、という意味の敬語

ⓐ ご指摘のとおりです。
ⓑ おっしゃるとおりです。
ⓒ おっしゃられたとおりです。

答

05 目上の人との会話で……

ⓐ 週末はゴルフをされるそうですね。
ⓑ 週末はゴルフをなされるそうですね。
ⓒ 週末はゴルフをなさるそうですね。

答

06 目上の人から意見を聞いたときに……

ⓐ 大変参考になりました。
ⓑ 大変勉強になりました。
ⓒ ご意見承りました。

答

07 「読んでもらえるとうれしい」という意味の敬語

ⓐ ご高覧いただければ幸いです。
ⓑ ご一読いただければ幸いです。
ⓒ ご拝読いただければ幸いです。

答

答

01 ⓒ 「おる」は「いる」の謙譲語。立てたい相手には使わない。

02 ⓒ 「ございます」は、「です」の丁寧語なので敬語にはなっているが、この場合は「いらっしゃる」のほうがより適切。

03 ⓐ ⓐでは自分側の「高橋」さんを高めることになってしまう。ⓒは、相手にも自分側にも敬意を表すことのできる表現。

04 ⓒ 「おっしゃられた」は二重敬語。

05 ⓑ 「なされる」は、「する」の尊敬語に「〜れる」をつけた二重敬語。

06 ⓐ 「参考程度に」聞きました、という意味になってしまうため、間違い。

07 ⓒ 「拝読」は「読む」の謙譲語、「ご高覧」は丁寧な尊敬語。

08 確認をするときに……

ⓐ ～でよろしいでしょうか?

ⓑ ～でよろしかったでしょうか?

ⓒ ～でよろしいですか?

答

09 取引先との打ち合わせで……

ⓐ 了解いたしました。

ⓑ 承知いたしました。

ⓒ わかりました。

答

10 目上の方の乗る車が到着したことを知らせるとき

ⓐ お車がまいりました。

ⓑ お車が到着なさいました。

ⓒ お車が来ました。

答

11 上司がメールを使うかどうか確認したいとき……

ⓐ メールはできますか?

ⓑ メールはお使いになりますか?

ⓒ メールでお送りしてもよろしいですか?

答

12 お客様にコーヒーを出すときに

ⓐ こちら、コーヒーになります。

ⓑ コーヒーをお持ちいたしました。

ⓒ コーヒーでございます。

答

13 上司に意見を聞かれ……

ⓐ 私は～と考えます。
ⓑ 私もよいかと存じます。
ⓒ 私的にはありかと存じます。

答

14 商品の注文を受けて……

ⓐ ご注文を承りました。
ⓑ ご注文をお承りしました。
ⓒ ご注文をお受けしました。

答

15 上司に説明をしたあとで……

ⓐ 説明不足の点はございませんでしょうか？
ⓑ 説明は十分でしたか？
ⓒ いまの説明でおわかりいただけましたか？

答

答

08 ⓑ よいかどうかの確認に、過去形を使うのは間違い。

09 ⓐ 「了解」は、相手を上から見て許す場合に用いる言葉。
ⓑが堅苦しく感じる場合は、「わかりました」でもよい。

10 ⓑ ⓐの「まいりました」は車に乗る人を立てる謙譲語だが、
違和感を感じる場合はⓒや「お車が到着しました」でもよい。

11 ⓐ 上司を試すような聞き方は、見下しているようで失礼。

12 ⓐ 「なります」は、本来「何かから何かになる」というときに使う。

13 ⓒ 「私的に」「あり」は卒業したい若者言葉。

14 ⓑ 「お承り」は謙譲語「承る」に「お」を重ねた二重敬語。

15 ⓒ 「わかったか？」と相手を評価するような言い方は失礼。

16 会計でお客様からお金をぴったり預かり……

ⓐ 3000円お預かりいたします。

ⓑ ちょうどいただきます。

ⓒ 10000円からお預かりいたします。

答

17 取引先の人にあいさつをする

ⓐ お世話になっております。

ⓑ お世話さまです。

ⓒ いつも大変お世話になっております。

答

18 同僚から、「山田部長はいるか」と聞かれ……

ⓐ 山田部長はお帰りになられました。

ⓑ 山田部長はお帰りになりました。

ⓒ 山田部長は帰られました。

答

19 お客様が急に来られなくなって……

ⓐ お客様が急用で来られなくなりました。

ⓑ 本日の予定がキャンセルになりました。

ⓒ 先方にドタキャンされました。

答

答

16 ⓒ 「〜から」は不要。おつりがない場合は「ちょうどいただきます」。

17 ⓑ ⓑの「お世話さまです」は、目上の人には使わない。

18 ⓐ ⓐの「お帰りになられました」は
「お帰りになる」に「〜られる」を重ねた二重敬語。

19 ⓒ 「ドタキャン」は改まった場面では使わないほうがよい。

Part2

シチュエーション別敬語①

ビジネスシーンで

敬語は、本などで覚えて
簡単に使いこなせるようになるものではありません。
とにかく実際に使ってみることが大事。
間違えることをおそれずに、
実践で敬語のセンスを磨きましょう。

ビジネスシーンで

職場での あいさつのきほん

きちんとあいさつすることは、社会人として守るべき最低限のマナー。
「相手があいさつしないなら、こちらからもしない」という姿勢はNG!
自分から積極的に声をかけるようにしましょう。

SCENE 001 出社したら

おはようございます。

これは NG! ✕ おはよう。

「おはよう」は家族や友だちと交わすあいさつ。
きちんと「おはようございます」と言いましょう。
ぼそぼそとつぶやくのではなく、「明るくはきはきと!」がきほん。

応用 | こんなときは

➡ 昼以降に出勤するときは

お疲れさまです。

飲食関係など、昼以降、いつ出勤しても「おはようございます」とあいさつするところもありますが、朝から業務する会社ならば、「お疲れさまです」がよいでしょう。

➡ 朝、エレベーターや廊下で上司と会ったら

木村部長、おはようございます。
昨晩はごちそうになり、
ありがとうございました。

これもOK! ○ **おはようございます。**
昨日のサッカーの試合はご覧になりましたか？

✎ あいさつのあとに直近の話題をつけ加え、会話のきっかけに。

SCENE 002 自分が外出するとき

○○の件で、
A社に行ってまいります。

これはNG! ✕ 行ってきま～す。　✕ 出かけてきま～す。

✎ 外出時に周囲に声をかけるのには、相手の仕事の手を止めることなく自分の状況を知らせるという役割が。行き先、用件を簡潔に伝えましょう。
「ま～す」と伸ばすのは耳ざわりなので注意。

SCENE 003 他の人が外出するとき

行ってらっしゃいませ。

これもOK! ◎ **お気をつけて。**

これもOK! ◎ **契約書の件、よろしくお願いします。**

自分の用件を託しているときは、
「お願いします」のひと言を添えましょう。

SCENE 004 自分が外出先から帰ったら

ただいま戻りました。

黙って席につくのはNG。周囲の人が電話の伝言などを
預かってくれていたら、お礼を言いましょう。

SCENE 005 ほかの人が外出先から帰ったら

お帰りなさい。
お疲れさまです。

これはNG! ✕ ご苦労さまです。

「ご苦労さま」は、目下の人をねぎらってかける言葉。
目上の人に使うのは失礼です。

SCENE 006 自分が退社するとき

お先に失礼いたします。

これはNG! ✕ お先で〜す。 ✕ お疲れさまでした〜。

「先に帰って申し訳ない」という気持ちを込めてあいさつを。
あいさつには、周囲の人が電話などの対応をしやすいよう、
自分の不在を伝える役割もあります。

SCENE 007 他の人が先に退社するとき

お疲れさまでした。

これはNG! ✕ ご苦労さまでした。

「ご苦労さま」はSCENE005と同様にNG。
「お疲れさまでした」が定番のフレーズです。

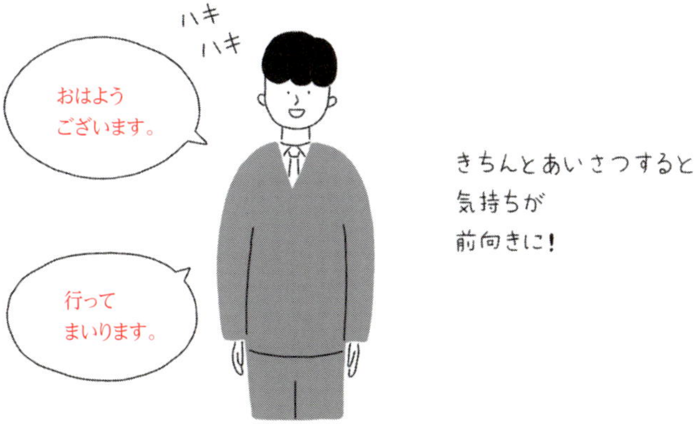
ハキ
ハキ
おはよう
ございます。
行って
まいります。
きちんとあいさつすると
気持ちが
前向きに!

ビジネスシーンで

職場での
コミュニケーション

上司と話すときに限らず、親しい先輩や同僚と話すときにもきちんと敬語を使うことで、あなたの印象はよくなり信頼度がアップするはずです。ちょっとしたやりとりをするときも、積極的に敬語を使ってみましょう。

SCENE 001 打ち合わせなどで席をはずすとき

打ち合わせで、
1時間ほど席をはずします。
7階会議室におります。

これはNG! ✕ ちょっと席をはずしま〜す。

時間、場所をきちんと周囲に伝えることで、
自分の離席中、電話対応などをスムーズにしてもらえます。

SCENE 002 話し中の相手に声をかける

お話し中、失礼します。

「失礼します」は、会議中の部屋に出入りするときなど、
ちょっとしたことで相手の会話や作業を遮ってしまうような状況で、
便利に使える言葉です。

SCENE 003 「ちょっといい?」と声をかけられたら

はい。

これはNG!
✕ はい、なんでしょう?　✕ はぁ。

「なんでしょう?」は余計。「はぁ」では敬意が感じられません。
相手のほうを見ながら「はい」と返事をしましょう。

SCENE 004 用事を頼まれたら

はい、承知しました。

これもOK!
○ かしこまりました。

これはNG!
✕ わかりました。　✕ いいですよ。やっときます。

まず「はい」と返事を。「わかりました」の敬語表現は
「承知しました」、または「かしこまりました」です。

応用｜こんなときは

➡ 資料のコピーを2部、頼まれた

**はい、承知しました。
2部ですね。**

聞き間違いなどのミスを避けるために、
部数などの内容を復唱して確認しましょう。

➡ いつまでに必要かを確認する

夕方までにそろえればよろしいでしょうか？

➡ コピーしたものを渡す

資料を2部、コピーしてまいりました。

SCENE 005 わからないことを確認する

こちらはいかがいたしましょうか？

これはNG! ✕ ここ、どうしましょう？

「いかがいたしましょうか？」と、指示をあおぎます。
「か」を省いた「どうしましょう？」という聞き方は、
相手になれなれしい印象を与えかねません。

・・・
ここの部分の指示がよくわからない。何て聞いたらいいのかな……。

SCENE 006 はじめての仕事のやり方を聞く

お手数ですが、
この部分のやり方を
教えていただけますでしょうか？

これもOK! ○ **申し訳ございませんが、不慣れですので、ご指導をお願いできますでしょうか？**

これはNG! ✕ **やり方がよくわからないんですけど……。**

クッション言葉（→p.34）を添えて、
「～でしょうか？」と疑問形でお願いをしましょう。

SCENE 007 教えてもらったお礼を言う

ありがとうございました。
大変助かりました。

これはNG! ✕ **そうかぁ。なるほど～。**

「そうかぁ」や「なるほど」を多用する人がいますが、
これは敬語ではなくひとり言レベルの言葉。
それよりも、きちんとお礼の言葉を述べましょう。

応用 | こんなときは

➡ 自分の仕事を手伝ってもらったとき

お力添えいただき、
ありがとうございました。

SCENE 008 頼まれごとをしたが、どうしても手が離せないとき

申し訳ございません、
こちらの作業が終わり次第、
すぐに取りかかります。

これもOK! ○ **申し訳ございません、こちらの作業が一段落してからでもよろしいでしょうか？**

これはNG! × いま、ちょっと忙しいんですけど……。

「忙しい」と断るのは失礼。
どれくらいで対応ができるのか、時間のめども伝えましょう。

SCENE 009 依頼を受けられないとき

お役に立てず、
申し訳ございません。

この言い方なら、「無理です」「できません」と断るよりも、
申し訳ないという気持ちを相手に伝えることができます。

Check!

同僚からの頼みごとを上手に断りたいときは

先輩や同僚からの頼みごとを断れず、いつも無理をしてしまう……。そんな人は、上手な断り方を覚えましょう。

ポイントは、「本当は引き受けたいが、むずかしい」「かえって迷惑をかけてしまう」ということをクッション言葉や敬語を用いて伝えること。たとえば、「大変残念なのですが、明日は終日外出の予定でして……」「～なので、お引き受けするとかえってご迷惑をおかけしてしまうので……」などと言えば、相手も意向を汲んでくれるでしょう。

SCENE 010 上司に「不在中何かあったか」と聞かれ

とくにございませんでした。

これは NG! ✕ とくにありません。

「ありません」の敬語は「ございません」。
「ない」ことを伝えるときは
「とくにございません」という表現を使います。

SCENE 011 不在中に電話があったことを伝える

鈴木さん、○○社の高橋様からお電話がありました。

電話を受けたときにとったメモを渡すとともに、
社名、名前をはっきりと伝えましょう。

SCENE 012 部長に社長からの伝言を伝える

部長、先ほど社長がいらして、内線をいただきたいとのことでした。

これは NG! ✕ 部長、さっき社長が内線が欲しいと言ってました。

この場合、社長にも部長にも尊敬語を使い、
社長の言葉はそのままではなく敬語に言い換えます。

ビジネスシーンで

上司への報告・連絡・相談

職場で仕事を円滑に進めるために大切だといわれる「報告・連絡・相談」。敬語をきちんと使うことができれば、いつでも自信をもって話すことができ、そのタイミングを逃すこともありません。

SCENE 001 上司に話しかける

部長、〇〇の件について、少々よろしいでしょうか？

これはNG! ✕ 部長、いまちょっといいですか？

「〇〇の件」と用件を簡潔に述べ、時間がもらえるか、うかがいを立てるかたちで切り出します。
「ちょっといいですか？」は丁寧さに欠けます。

応用 | こんなときは

➡ 個人的なことを相談したいときは

部長、恐れ入りますが、個人的なことでご相談したいことがあります。少々お時間をいただけますでしょうか？

深刻であることをさりげなく伝えるためには、「折り入ってご相談したいことが」を使うのもよいでしょう。

SCENE 002 忙しいのであとにしてほしい、と言われたら

いつごろなら
ご都合がよろしいでしょうか？

声をかけるときは、自分の都合で一方的に話しかけず、
相手のタイミングをみることも大切です。

SCENE 003 企画書を提出する

企画書をまとめました。
お手すきのときに
お目通しいただけますか？

これはNG！ ✕ 企画書を見てもらえますか？

書類などを目上の人に見てほしいときには
「お目通し」という言葉を使います。
定番の言い方として覚えておきましょう。

応用 | こんなときは

➡ 企画書のまとめ方に問題がないか、確認したいとき

企画書は、このようなまとめ方で
よろしいでしょうか？

これはNG！ ✕ こんな感じでわかりますか？

「こんな感じ」は敬語表現になっていません。「わかりますか？」は
相手の能力を問う言葉なので目上の人には失礼。

SCENE 004 期日を延ばしたいと相談する

今週中に提出予定の企画書ですが、来週火曜までご猶《ゆう》予《よ》をいただけませんか？

これもOK! ○ **申し訳ございませんが、期日を来週火曜まで延ばしていただけませんでしょうか。**

これはNG! × バタバタしていて、まだできていないので、もう少し待ってください。

「猶予」は「実行の日時を延ばす」という意味です。
「待ってください」は、相手に対する命令的な表現なのでNG。
言い訳よりも、いつならできるかを明確に述べましょう。

SCENE 005 トラブルの報告をする

○○の件で、問題が生じました。申し訳ございません。

これはNG! × ○○の件で、ちょっとトラブってしまって……。

応用 | こんなときは

➡ 問題なく進んでいることを報告する

○○の件は、順調に進んでおりまして、よい返事がいただけそうです。

順調な場合も、問題が生じた場合も
迅速に上司に報告するようにしましょう。

SCENE 006 打ち合わせに一緒に行ってほしいとき

〇〇社との打ち合わせに、ご同行いただきたいのですが、いかがでしょうか？

これもOK! ○ **〇〇社との打ち合わせですが、一緒に行っていただけますか？**

「同行」は「主たる人に付き従う」という意味。
人によっては不快に思うこともあるので、
「一緒に行っていただけますか?」でもOK。

SCENE 007 頼みごとを受けてもらったお礼を言う

お手数をおかけしますが、よろしくお願いいたします。

上司に頼みごとや相談をして、その場を去るときは、
お礼のひと言を忘れないようにしましょう。

手助けすることを申し出るときは

Check!

たとえば、パソコンが不得意な上司が困っているとき、「教えましょうか?」「やりましょうか?」などと声をかけるのは上から目線で、相手に“何様だ？”と思われてしまいます。そんなときは、「何かお困りでしょうか?　わたしでよろしければお手伝いしますが……」というように切り出すとよいでしょう。

社会人として、自分の仕事さえ終わればよいという考え方はNG。周囲に目を配り、自分の手があいたら積極的に手伝いを申し出る、というような姿勢で臨めば、周囲との信頼関係が築かれ、自分自身にとっても働きやすい環境になるはずです。

SCENE 008 上司に呼ばれたら

はい、ただいま まいります。

これはNG! ✕ なんですか？

「まいる」は「行く」の謙譲語。たとえ席が近くても、上司の席の近くまで行き、指示を受けるようにします。

SCENE 009 上司から指示を受けたら

承知いたしました。

これもOK! ○ かしこまりました。

これはNG! ✕ わかりました。 ✕ 了解です。

「承知する」「かしこまる」は「わかる」の謙譲語です。

応用 | こんなときは

➡ 打ち合わせの時刻や場所の指示を受けたら

承知いたしました。
13時に会議室にまいります。

「まいる」は「行く」の謙譲語。
「会議室にうかがいます」と言い換えてもOK。

SCENE 010 上司から注意を受けたら

申し訳ございません。

これは NG! × すみません。
でも、これには理由がありまして……。

✎ 言い訳をせず、まず「申し訳ございません」のひと言を。
話を聞いている最中は、相手の顔を見て、
相づちを打ち「はい」と返事をするようにします。

SCENE 011 謝罪の言葉に続けて

以後、十分に注意いたします。

✎ 不服そうな表情をしたり、無言になったりせずに、
注意を受け入れ、前向きに行動する姿勢を見せましょう。

SCENE 012　上司の説明が理解できなかったとき

申し訳ございません、
もう一度、
ご説明願えませんでしょうか。

わからないことは、あいまいにせずきちんと確認を。
依頼をする際には、「～願えませんでしょうか」を使います。

SCENE 013　上司に褒《ほ》められたら

ありがとうございます。
お褒《ほ》めにあずかり恐縮です。

これも OK!　○ **恐れ入ります。**

これは NG!　× いやぁ～、たいしたことないですよ。

謙虚に受け止める姿勢を
敬語できちんと表現すると好印象です。

応用 | こんなときは

➡ その調子でがんばるように言われたら

はい、ご期待に添えるように
がんばります。

目上の人に励まされたときに使う
「ご期待に添えるように」という言葉を覚えておきましょう。

SCENE 014 明日の予定を伝える

明日は、〇〇社に立ち寄り11時に出社いたします。

立ち寄る場所と出社時間を伝えるようにします。

SCENE 015 体調不良のため早退を申し出る

体調が悪いので、本日は早退させていただけますでしょうか。

これはNG! ✕ 体調が悪いので、早退します。

仕事の進行に影響する可能性があるので、「早退する」ではなく「早退してもよいか」と上司にうかがいを立てるようにします。

応用 | こんなときは

➡ 有給がとりたいと申し出る

申し訳ありませんが、10日に休みをいただけますでしょうか。

➡ 身内の訃報《ふほう》を伝え、休みをとりたいと申し出る

父方の祖母が亡くなりました。帰省のため、明後日《みょうごにち》、休みをいただけますでしょうか。

ビジネスシーンで

来客時の取り次ぎ・対応

来客時には、相手を待たせることなく、すばやく対応するのがマナーです。自分への来客に限らず、わざわざ会社を訪ねてきてくれた相手に対し、感謝の気持ちを伝えましょう。

SCENE 001 来客を迎える

いつも大変お世話になっております。

これはNG! ✕ お世話さまです。

「お世話さまです」は目上の人やお客様には使いません。

応用 | こんなときは

➡ お店やショールームの場合

いらっしゃいませ。

➡ 訪問を知らされていた場合

お待ちしておりました。

SCENE 002 訪問客の名前を確認する

〇〇社の佐藤様でいらっしゃいますね。

これはNG! ✕ 〇〇社の佐藤様でございますね。

「ございます」は丁寧語。自分が名乗るときにはOKですが、相手の名前を尋ねるときには使いません。

応用 | こんなときは

➡ 相手が名乗らないときは

失礼ですが、お名前をうかがえますでしょうか?

➡ 誰を訪ねてきたのかわからないとき

どの者にご用でしょうか?

これはNG! ✕ どなたあてですか?

➡ 相手の訪問の目的がはっきりしないとき

失礼ですが、お約束ですか?

これはNG! ✕ アポはとっていただいていますか?

「アポ」と省略せずに「アポイント」と言いましょう。

SCENE 003 待機してもらうときは

こちらにお掛けになって、お待ちいただけますでしょうか。

これはNG!

✕ あちらでお待ちください。

✕ お座りになってお待ちください。

「お待ちください」には命令的なニュアンスがあるので、「〜いただけますでしょうか」のほうが適切。

SCENE 004 応接室に誘導する

応接室にご案内いたします。どうぞこちらへ。

訪問客の少し斜め前を歩き、誘導します。相手に歩調を合わせ、笑顔を忘れないようにしましょう。

応用 | こんなときは

➡ 段差があるなど足場が悪いときは

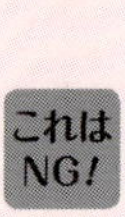

お足《あし》下《もと》にご注意ください。

これはNG!

✕ 足下にご注意してください。

相手の足下を指すので、「お」をつけて「お足下」に。「ご注意してください」は文法的に間違いです。

SCENE 005 エレベーターで移動する

どうぞ、お乗りください。

これは NG! ✕ 乗ってください。

「7階の会議室にご案内いたします」などと行き先を告げると、お客様が安心します。

SCENE 006 エレベーターから降りるとき

どうぞ、左へお進みください。

降りるときは、ドアを軽く手で押さえ、お客様に先に降りてもらいます。
その際に、向かう方向を案内しましょう。

Check!

エレベーターに乗るときの順番は?

乗るときも降りるときも、「お客様が先」がきほんです。ただし、ボタン操作が必要なときは、「お先に失礼します」と言って、自分が先に乗ります。すばやく操作盤の前に立ち、お客様に背中を向けないよう斜めを向いて立ち、「開」ボタンを押してドアを押さえながら「奥へどうぞ」とお客様を誘導しましょう。

SCENE 007 応接室に案内する

どうぞ、お入りください。

まずドアをノックし、押し開きのドアの場合は、開けながら自分が先に入室し、手前開きのドアの場合は、ドアを開け、お客様に先に入室してもらいます。

SCENE 008 応接室でイスに座ることをすすめる

こちらでお掛けになって
お待ちいただけますか？

これは NG! ✕ 座ってお待ちください。

「お掛けになる」は「座る」の尊敬語。「お座りになる」よりも「お掛けになる」のほうがきちんとした印象です。

Check!

応接室の上座はどこ？

お客様は上座にお通しするのがマナー。知らずに下座に案内すると、相手に不快感を与えてしまいます。

上座は出入り口からいちばん遠い席で、出入り口に近い席が下座です。一般的な応接室の場合は、長イスのいちばん奥が上座になります。

会議室や打ち合わせスペース、さらにエレベーターやタクシーなどの乗り物の場合も同様で、出入り口から遠い席が上座になります。

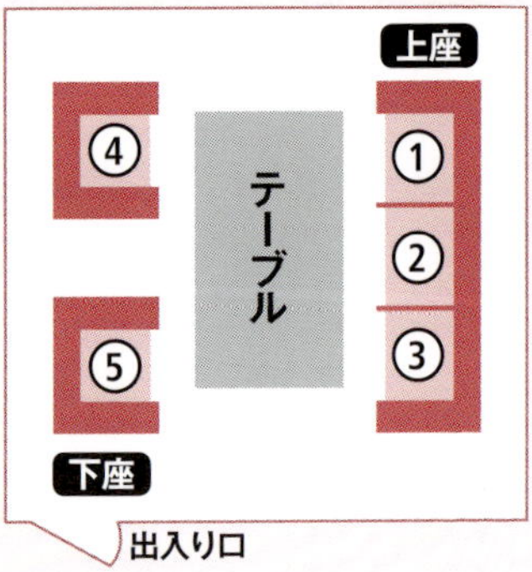

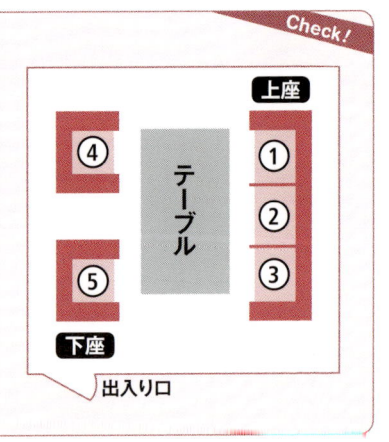

SCENE 009 あいさつをして去る

**ただいま、
木村がまいります。
少々お待ちくださいませ。**

軽く会釈をしながら、
「失礼いたします」と言って退室します。

SCENE 010 お茶を出す

失礼いたします。

これも OK! ○ **どうぞ、召し上がってください。**

これは NG! × どうぞ、いただいてください。

お茶は上座の人から順に出します。
基本的にはお客様の右側のうしろから、
茶碗の絵柄がお客様に見えるように置きましょう。

応用 | こんなときは

➡ **やむを得ず前からお茶を出すときは**

前から失礼いたします。

むりやり狭いスペースに入ってこられるよりも、
むりのない位置からのほうが、お茶を出される人も安心です。

SCENE 011 担当に来客を伝える

〇〇社の金子様がいらっしゃいました。

これもOK! ○ **金子様がお見えになりました。**

これもOK! ○ **金子様がお越しになりました。**

これはNG! × 金子様がお越しになられました。

「いらっしゃる」「お見えになる」「お越しになる」は「来る」の尊敬語。
「お越しになられる」は二重敬語（→p.44）です。

SCENE 012 訪問客の待つ応接室に入る

失礼いたします。

ノックをし、軽く会釈をしながら入室します。

SCENE 013 出向いてもらったお礼をいう

本日は、お越しいただきありがとうございます。

これもOK! ○ **お呼び立てして、申し訳ございません。**

応用｜こんなときは

➡ 遠方からの来客には

遠方よりご足《そく》労《ろう》いただき、ありがとうございます。

「ご足労」は「わざわざお越しいただく」という意味。
このひと言で、「自分から出向かなくてはならないところ、来てもらって申し訳ない」という気持ちを表すことができます。

➡ 雨の日には

お足《あし》下《もと》が滑りやすい中、ご足労いただき恐縮です。

「雨の日に……」や「お足下が滑りやすい中……」が雨の日の決まり文句です。

➡ 暑い日には

お暑い中、おいでいただき、ありがとうございます。

SCENE 014　手みやげをもらったら

ご丁寧にありがとうございます。

これもOK! ○ **お気遣いいただきまして、ありがとうございます。**

「ご丁寧に」「お気遣いいただきまして」が感謝の気持ちを伝える定番の言い回しです。

SCENE 015　本題を切り出す

ところで、こちらの
案件についてですが……。

「案件」とは、「取り扱うべき事柄」という意味。
ビジネスシーンではよく使うので、覚えておきましょう。

SCENE 016　接客中に中座したいとき

申し訳ございません。
少々席を
はずさせていただきます。

これはNG!　✕ すみません、ちょっと失礼します。

「すみません」は「申し訳ございません」に、
「ちょっと」は「少々」に言い換えましょう。

打ち合わせ最中の電話には

Check!

　取引先などとの打ち合わせ中は、基本的には電話に出ないようにしましょう。携帯電話やスマートフォンは電源を切るか、マナーモードに設定しておきます。

　どうしても出なければならない場合は、打ち合わせ中の相手に「申し訳ございません。少々よろしいでしょうか」と申し出て、電話の相手には「ただいま打ち合わせ中ですので、のちほど折り返します」と伝え、かけ直すようにしましょう。

SCENE 017　話を切り上げたいとき

では、この件につきましては、いったんお預かりして、検討いたします。

これはNG！　✕ そろそろ時間ですので……。

さりげなく話をまとめ、
相手に察してもらうようにしましょう。

SCENE 018　室内でコートを着ることをすすめる

どうぞ、こちらでコートをお召しになってください。

これはNG！　✕ 寒いので、ここで着ちゃってください。

本来訪問時に、コートなどの上着は
部屋に入る前に脱ぐ、部屋を出てから着るのがマナーですが、
寒い冬には室内で着るようすすめる気遣いを。

SCENE 019　訪問客を見送る

本日はありがとうございました。

これもOK！　〇 **どうぞお気をつけてお帰りください。失礼いたします。**

ビジネスシーンで

会議やプレゼンテーションで

会議やプレゼンテーションで発言する機会のある人は、これらの場でよく使われる敬語を覚えておきましょう。正しい敬語を使うことができれば、自信をもって発言したり質問したりすることができます。

SCENE 001 要点を確認する

……ということでよろしいでしょうか？

これはNG! ✕ 〜ってことですか？

「……ってこと」はきちんと「……ということ」に言い換えを。
語尾を伸ばしたり上げたりするくせにも気をつけ、
落ち着いて話すように心がけましょう。

SCENE 002 もっと詳しく聞きたいとき

○○について、もう少し詳しくお聞かせ願えますでしょうか。

これもOK! ○ 詳しくお教えいただけますか？

SCENE 003 質問をしたいとき

質問してもよろしいでしょうか？

状況を見ながら、
質問するタイミングをはかりましょう。

応用 | こんなときは

➡ 発言許可を得る

発言してもよろしいでしょうか？

SCENE 004 反対意見を述べたいとき

ただいまの〇〇さんのご意見は
ごもっともですが、
……という見方も
できるのではないでしょうか。

これもOK! ○ **それでしたら、**
……のほうがよいのではないでしょうか。

これはNG! ✕ お言葉を返すようですが……

「お言葉を返すようですが」というような
相手を完全に否定するような言い方は控え、
相手を立てながら、自分の意見を提案しましょう。

SCENE 005 意見に賛成する

**わたくしは
賛成いたします。**

これはNG!

✕ いいと思います。

✕ いいんじゃないでしょうか。

あいまいな言い方ではなく、
簡潔に、はっきりと述べましょう。

SCENE 006 資料の説明を始める

**それでは、
ご説明いたします。**

これもOK!

○ **ご説明申し上げます。**

これはNG!

✕ 説明をさせていただきます。

「〜させていただく」は相手に許可を求めるときに用いる表現。
会議で説明をするのは当然のことなので、
許可を求める必要はないでしょう。

次は
自分が説明する
番だ……。
えーと、
「説明させていただきます」、
じゃなくて、
「ご説明いたします」だっけ?

SCENE 007 説明の内容が理解できたか確認する

説明不足の点はありませんでしたでしょうか？

これはNG! ✕ ご理解いただけましたでしょうか？

「わかりましたか？」と相手の理解度を問うような聞き方はNG。

SCENE 008 質問を受ける

ご質問はございますか？

これはNG! ✕ 質問とか、ございますか？

「とか」は「Aとか、Bとか」というように、
事柄を並列する接続詞。単独で使うのは間違いです。

SCENE 009 説明を終える

以上、○○についてご説明いたしました。

これはNG! ✕ 終わらさせていただきます。

「終わらさせていただきます」は文法的に間違い。
言うのであれば「終わりにいたします」でよいでしょう。

ビジネスシーンで

他社を訪問する

他社を訪問する際には、“自分が会社の代表として行く”ということを忘れずに、失礼のない言葉づかい、態度を心がけましょう。定番の言い回しを覚えておけば、会話がスムーズに続きやすくなります。

SCENE 001 訪問先の受付で

〇〇社の原と申します。11時に広報部の山田様と、お約束しております。

これはNG! ✕ 〇〇社の原と申します。
山田課長様はおられますか？

①社名と自分の名前、②約束の時間、③相手の部署、名前、この3点をはっきりと伝えましょう。役職名は、それだけで敬称になるので、さらに「様」をつけるのは間違いです。

SCENE 002 取り次ぐのでお待ちください、と言われたら

恐れ入ります。

「恐れ入ります」は、「手をわずらわせて申し訳ない」という意味合いで使います。

応用｜こんなときは

➡ アポイントをとらずに訪問したときは

近くにまいりましたので、
ごあいさつにと思い、
寄らせていただきました。

年始まわりや飛び込み営業など、約束なしに訪問する場合は、この言い方が便利です。

➡ 訪ねた相手が不在だったとき

それでは、
日を改めてまいります。

これはNG! ✕ じゃあ、また来ます。

「日を改めて」は「後日、別の日に」という意味。
「まいる」は「行く」「来る」の謙譲語です。

➡ 伝言を残す

○○社の原がうかがったと
お伝えいただけますか?

これはNG! ✕ 原が来たと伝えてください。

「うかがう」は「行く」の謙譲語です。

➡ 担当者に名刺を渡してもらうように頼む

よろしければ、○○様に名刺を
お渡しいただけますでしょうか。

SCENE 003 応接室に通され、席をすすめられたら

ありがとうございます。
では、失礼いたします。

これはNG! ✕ どうも。

基本的には、すすめられるまでは座らないようにし、
すすめられたら、お礼を言ってから座るようにします。

SCENE 004 お茶を出されたら

お気遣いいただき、
ありがとうございます。

これもOK! ○ **恐れ入ります。頂《ちょう》戴《だい》いたします。**

飲み物は、基本的にはすすめられてから飲み、
誰にもすすめられないときは、相手が口をつけてから
飲むようにします。

Check!

手みやげのマナー

お願いごとやお詫びにうかがう際などに手みやげを持っていく場合は、相手の部署の人数や年齢層を考慮して、個別包装や取り分けやすい菓子を選ぶとよいでしょう。

渡すタイミングは、訪問先で部屋に通されたらすぐに渡すのがベスト。紙袋から出し中身だけを、「よろしければ、お召し上がりください」とひと言を添えて、相手に渡します。もし、上司が一緒にいる場合は、上司から渡してもらいましょう。

SCENE 005 顔見知りとのあいさつ

**お世話になっております。
先日は、
ありがとうございました。**

これは NG! ✕ あっ、どうも。

取引先に対して、あいさつを「どうも」とひと言で済ませるのは失礼な印象を与えるので注意。

応用 | こんなときは

➡ 約束時間に遅れてしまったときは

**遅れまして、
大変失礼いたしました。**

これも OK! ○ **お待たせしてしまい、
申し訳ございません。**

遅れそうな場合は、事前に連絡するのがマナー。
顔を合わせたら、まずお詫びの言葉を。

SCENE 006 初対面の相手にあいさつする

はじめてお目にかかります。

初対面のあいさつの決まり文句。
「お会いできて光栄です」とつけ加え、
会えたことの嬉しさを表現してもよいでしょう。

SCENE 007 名刺を渡す

○○社の原と申します。
よろしくお願いいたします。

初対面の人には、「名前＋と申します」がきほん。
軽く会釈をしながら、名刺を差し出します。

SCENE 008 名刺をもらう

頂《ちょう》戴《だい》いたします。

「頂戴いたします」は名刺を受け取るときの定番フレーズです。

Check!

名刺交換のマナー

名刺は、目下の人から先に差し出すのがマナーです。テーブル越しに渡すのはNG。相手の近くの下座側に移動し、文字が相手に見えるよう両手で持って渡しましょう。受け取るときも、両手がきほん。ただし、同時に交換する場合は、右手で名刺を差し出し、左手で相手の名刺を受け取ってもOKですが、相手より先に名刺を受け取らないように注意しましょう。

渡された名刺はすぐにしまわずに、着席したときに、テーブルの上に名刺入れに重ねて置きます。相手が複数いるときは、名刺入れを取り、着席順にテーブルの上に並べるとよいでしょう。

応用 | こんなときは

名刺を出すのが遅れたら

申し遅れました。
わたくし、○○社の原と申します。

名刺は目下の人から先に渡すのが原則。
相手から先に名刺を出されたら、「申し遅れました」のひと言を。

名刺を忘れたり切らしたりしたときは

大変申し訳ございません。
あいにく、
名刺を切らしておりまして……。

そもそも、渡す名刺がないというのはマナー違反。
財布などに予備を入れておくと名刺切れが防げますが、
折れたり汚れたりした名刺を渡すのは印象がよくないので注意。

相手の名前が読めないときは

失礼ですが、どのように
お読みすればよろしいでしょうか？

これは NG! ✕ なんて読むんですか？

いざ名前を呼ぼうと思ったら読み方がわからない……、
などということがないようその場で確認を。「失礼ですが」など
クッション言葉（→p.34）で切り出しましょう。

自分の名前の読み方を聞かれたら

○○と読みます。

SCENE 009 相手に上司を紹介する

弊社の部長の
木村でございます。

これはNG！ ✕ うちの会社の木村部長です。

自分の会社のことは「弊社」と言います。
自分の上司に「部長」などの敬称はつけません。

SCENE 010 上司に相手を紹介する

こちらが、〇〇社で
〇〇を担当されている、
高橋さんでいらっしゃいます。

自分側を紹介するときと、相手側を紹介するときの違いに注意。
相手側のことを言うときは「いらっしゃいます」、
自分側のことを言うときは「ございます」を使います。

SCENE 011 あいさつがひととおり終わったら

本日は、
お時間をさいていただき、
ありがとうございます。

「お時間をさいていただき」と
時間をつくってもらったお礼を述べましょう。
本題に話を進めるきっかけにもなります。

SCENE 012 話を切り出す

早速ではございますが、○○の件につきまして……。

「早速ではございますが」はクッション言葉（→p.34）のひとつ。

応用｜こんなときは

➡ 急な仕事をもちかけるときは

急なお願いで恐縮ですが……。

SCENE 013 検討をお願いする

お忙しいところ恐縮ですが、ご検討いただけますでしょうか。

これはNG! ✕ とりあえず、考えておいてもらえますか？

検討をお願いするときは「ご検討いただけますでしょうか」が定番。「とりあえず」は使わないようにしましょう。

応用｜こんなときは

➡ 再検討をお願いしたいときは

ご再考いただけますでしょうか。

SCENE 014　相手の意見を促す

ご意見をお聞かせいただけますか？

これもOK!　○　ご意見をうかがえますでしょうか？

SCENE 015　反対意見を述べる

とてもよいお考えかと存じますが、1点だけ……。

これもOK!　○　そうですね。でも、わたしは……と思うのですが、いかがでしょうか。

これはNG!　✕　でも、それって……。

頭ごなしに否定せずに、相手の意見を受け止めたうえで、
別の意見として自分の考えを述べましょう。

SCENE 016　自分の責任で判断できないとき

わたくしの一存では決めかねますので上司と相談いたしまして改めてお返事を差し上げます。

「一存」とは「自分だけの考え」という意味です。
決まり文句としてそのまま覚えましょう。

SCENE 017 打ち合わせを切り上げる

**本日は
ありがとうございました。**

「ございました」と過去形にすることで、
さりげなく終了を促すことができます。

SCENE 018 上司への伝言を頼まれたら

**かしこまりました。
○○の件、
確かに木村に申し伝えます。**

これはNG! ×
わかりました。
○○の件、木村にお伝えします。

「お伝えする」は謙譲語。
ここでは「申し伝える」と言い換えます。
ウチ・ソト（→p.52）が逆転しないように注意しましょう。

SCENE 019 帰る際のあいさつ

**本日は、お忙しい中、
ありがとうございました。
それでは、失礼します。**

立ち去るときは「失礼します」が決まり文句。
相手が見送ろうとしてくれたときは
「どうぞ、おかまいなく」と遠慮の気持ちを伝えましょう。

ビジネスシーンで

上司や取引先との食事・接待

上司から食事に誘われたり、取引先を接待したりするときは、会議や仕事の交渉時よりも気軽な場面とはいえ、やはり敬語が必要。お酌をするときや食事をすすめるときの言い方を覚えておきましょう。

SCENE 001 上司から食事に誘われたら

ありがとうございます。ご一緒いたします。

これもOK! ○ 喜んでお供いたします。

これはNG! ✕ いいですねー。ぜひぜひ。

一緒に出かけるときは「ご一緒する」「お供する」と言います。「ぜひぜひ」など学生気分の言葉づかいにならないように注意。

応用 | こんなときは

➡ 誘いを断るときは

あいにく、○○の予定がありまして……。

クッション言葉（→p.34）の「あいにく」を添えて、行けない理由を簡潔に伝えましょう。

SCENE 002 上司からごちそうすると言われたら

**ありがとうございます。
それでは、
お言葉に甘えさせて
いただきます。**

「お言葉に甘えて」は、目上の人からの厚意をありがたく受けるときに使います。

SCENE 003 何を注文したいか聞かれたら

A定食をいただきます。

これはNG! ✕ A定食にします。

「いただく」は「食べる」の謙譲語です。

今晩、
飲みに行こうか。
マジですか！
ラッキー。
ありがとうございます。
ご一緒いたします。

SCENE 004 料理をすすめられて

恐れ入ります。
それでは、いただきます。

これはNG! ✕ それでは、ご遠慮なくいただきます。

自分の行為である「遠慮」に「ご」をつけ尊敬語にするのは間違い。
「遠慮なく」ならOKですが、相手に敬意を示す言葉ではないので
目上の人には使わないほうがよいでしょう。

応用 | こんなときは

➡ さらにすすめられた料理を断りたいときは

ありがとうございます。
もう十分いただきましたので……。

これはNG! ✕ わたしはもういいです。 ✕ 結構です。

「いりません」と直接的に断るのではなく、
「十分満足している」と伝えましょう。

SCENE 005 お酒をすすめられたら

ありがとうございます。
では、いただきます。

これもOK! ○ **恐縮です。**
ではお言葉に甘えていただきます。

グラスのお酒を飲み干してからお酌を受けます。

応用 | こんなときは

➡ すすめられたお酒を断りたいときは

申し訳ございません、
本日は少々体調が悪いので……。

これもOK! ○ **お気持ち、ありがたく頂《ちょう》戴《だい》いたします。**
ただ、不《ぶ》調《ちょう》法《ほう》でして……。

これはNG! ✕ わたし、飲めないんです。

「不調法」はお酒などのたしなみがないことを表す言葉。
「飲めない」と断るのではなく、
体調やたしなみがないことを理由にするとよいでしょう。

SCENE 006 「おいしかった」と伝える

大変おいしくいただきました。

食事だけでなく、菓子折りなどをいただき、
後日お礼を伝えるときにも使える表現です。

SCENE 007 ごちそうになり帰り際に

ごちそうになりまして、
ありがとうございました。

これもOK! ○ **お誘いいただき、ありがとうございました。**
とても楽しい時間でした。

「おいしかった」という感想だけでなく、お礼の言葉を忘れずに。

SCENE 008　上司や取引先の人を食事に誘う

**お食事はお済みですか？
よろしければ、
ご一緒にいかがですか？**

これはNG！　✕　ごちそうさせていただきます。

目上の人に対して「ごちそう」は上から目線で、
丁寧に言い換えたとしても失礼。
たとえ自分が支払うとしても、使わないようにしましょう。

応用｜こんなときは

➡ お茶を飲みながら打ち合わせをしたいときは

**よろしければ、お茶でも飲みながら
お話ししませんか？**

SCENE 009　上司や取引先の人と出かけ、店を決める

**和食のお店は
いかがでしょうか？**

これはNG！　✕　和食はどうでしょう？

「〜でしょうか」の「か」を省かないようにしましょう。
「どうでしょうか」よりも
「いかがでしょうか」のほうが丁寧な言い方です。

SCENE 010 飲み物の注文（好み）を聞く

お飲み物は
何になさいますか？

これもOK！ ○ **お飲み物は何にいたしましょうか？**

これはNG！ ✕ 何が飲みたいですか？

人によっては、目下の人に「〜したいか?」と尋ねられると不快に思うことも。避けたほうがよい表現です。

SCENE 011 お酒をすすめる

おひとついかがですか？

お酒をすすめるときの決まり文句。
宴会の始まりや、途中ですすめるときにも使える表現です。

応用｜こんなときは

➡ グラスが空《あ》いているのを見て

もう少しビールを
お飲みになりませんか？

これもOK！ ○ **何か別のものをお飲みになりますか？**

あくまでも、強要しないことがポイントです。

SCENE 012 何を食べるかを聞く

何を召し上がりますか？

これはNG! × 何をお召し上がりになられますか？

「食べる」の尊敬語は「召し上がる」。
「お召し上がりになられますか？」は過剰敬語です。

SCENE 013 料理をすすめる

**温かいうちに
どうぞ召し上がってください。**

これはNG! × 温かいうちにいただいてください。

「いただく」は謙譲語。相手に対して使うのは間違いです。

上司や取引先との会食・接待マナー

Check!

上司や取引先との会食・接待は、相手と親睦を深めるための絶好の機会です。ただし、「無礼講」などと羽目をはずして相手を不愉快にさせてしまっては、せっかくの機会が台なしに。じつは、いつも以上に気配りが必要なのです。

会食・接待のときには、以下のことに気をつけましょう。

①相手が主役であることを忘れない。
②親しい間柄でも敬語を使う。
③自分が酔いつぶれるなど醜態をさらさない。

お店などのセッティングから、料理の注文、支払い、解散まで、段取りよくスムーズに進むように気を配り、翌日にはお礼のメールや電話を入れるようにしましょう。

SCENE 014 そろそろ切り上げたいとき

お楽しみのところ恐縮ですが、そろそろお時間となります。

「そろそろ終了」というときの決まり文句です。

SCENE 015 支払いが済んで帰り際に

お料理は、お口に合いましたでしょうか？

これもOK! ○ **お料理はいかがでしたでしょうか？**

「お口に合いましたでしょうか？」は料理に満足してもらえたかどうかを確認する定番の言い回し。

SCENE 016 上司や取引先の人を見送る

本日はありがとうございました。お気をつけてお帰りください。

これはNG! × 気をつけて帰ってください。

「気をつけて」は「お気をつけて」に、「帰ってください」は「お帰りください」に言い換えを。

復習テスト Part2

ビジネスシーンでの敬語

Q. 敬語の使い方が適切なものをⓐⓑⓒから1つ選んでください。

解答数　　　／14問

01 先に帰宅する上司や先輩に……

ⓐ お疲れさまでした。
ⓑ ご苦労さまでした。
ⓒ お先にどうぞ。

答

02 上司に飲みに誘われたが、用事があるとき……

ⓐ すみません。今日は用事があって行けません。
ⓑ すみません。今日は家でDVDを観ようと思っていたので、申し訳ありませんが失礼させてください。
ⓒ 申し訳ありませんが、本日は別件が入っておりますので、またの機会にお願いします。

答

03 上司に、明日休むことを確認する言葉

ⓐ 明日はお休みさせていただきます。
ⓑ 明日は休ませていただきます。
ⓒ 明日は休まさせていただきます。

答

04 来客に……

ⓐ 本日は参上いただき、ありがとうございます。

ⓑ 本日は来ていただいて、申し訳ございません。

ⓒ 本日はご足労いただき、ありがとうございます。

答

05 会議で……

ⓐ すぐに考えてみます。

ⓑ すぐにご検討いたします。

ⓒ 早速検討いたします。

答

答

01 ⓐ 「ご苦労さま」は、目上の人から目下の人へのねぎらいの言葉。

02 ⓒ ⓑは一見丁寧だが、自分勝手な理由で断っているので上司に失礼。たとえ気分が乗らず断る場合でも、ⓒ のように用事があることにして断るのがマナー。

03 ⓑ ⓐは「休み」に「お」をつけるのが間違い。ⓒ は不要な「さ」が入った「“さ”入れ言葉」。

04 ⓒ 「ご足労」は、お願いして来ていただいた相手の労をねぎらう丁寧な言い回し。「お越しいただき」「おいでいただき」でもよい。

05 ⓒ 改まった場でⓐは失礼。慣用句のⓒを用いるようにする。

06 相手から褒《ほ》められたときの返事

ⓐ どうも。

ⓑ とんでもありません。

ⓒ 恐縮です。

答

07 相手の名前を聞きたいときに……

ⓐ お名前をうかがえますでしょうか?

ⓑ お名前をいただけますでしょうか?

ⓒ お名前を頂戴してもよろしいでしょうか?

答

08 訪問先の受付で……

ⓐ ○○商事の坂本です。
渡辺様はいますか?

ⓑ ○○商事の坂本でございます。
企画部の渡辺様はおられますか?

ⓒ ○○商事の坂本と申します。
10時に企画部の渡邊様と
お約束をしております。

答

09 来客に会議室の場所を尋ねられて……

ⓐ 突き当たりになります。

ⓑ 突き当たりにございます。

ⓒ あっちです。

答

10 相手に書類を提出して……

ⓐ とりあえず、
見てもらえますでしょうか。

ⓑ お忙しいところ恐縮ですが、
ご検討いただけますでしょうか。

ⓒ 次回までに考えておいて
いただけますか。

答

11 訪問先で、相手の気遣いに対して……

ⓐ 結構ですので。

ⓑ どうも。

ⓒ どうぞおかまいなく。

答

答

06 ⓒ ⓐは相手への敬意が足りず、ⓑは文法的に間違い（→p.42）。

07 ⓐ 名前は「もらう」ものではないので、ⓑ、ⓒは間違い。

08 ⓒ ⓑは「ございます」「おられますか?」の部分が不適切。

09 ⓑ 「～になる」は変化を表すときに使う言い方のため、ⓐ は間違い。
ⓒの「あっち」は改まり語の（→p.219）の「あちら」に言い換えを。

10 ⓑ ⓑは定番の言い回し。相手にお願いをするときは、クッション言葉（→p.34）を使うとよい。

11 ⓒ 「結構」はややきつい印象。ⓒは相手の気遣いに対する定型句。

12 上司に報告・相談があるとき……

ⓐ お仕事中すみません。いまちょっといいですか？

ⓑ お仕事中申し訳ありません。
いま、お時間大丈夫でしょうか？

ⓒ お仕事中申し訳ございませんが、
いま、お時間よろしいでしょうか？

答

13 社外の人から上司に伝言を預かったとき……

ⓐ 部長に申し伝えます。

ⓑ 部長にお伝えいたします。

ⓒ 部長にお伝えさせていただきます。

答

14 社外の人にミスを謝罪するとき……

ⓐ 当社のミスにより、
ご迷惑をおかけして申し訳ございません。

ⓑ 我が社のミスにより、
ご迷惑をおかけして申し訳ございません。

ⓒ 弊社のミスにより、
ご迷惑をおかけして申し訳ございません。

答

答

12 ⓒ ⓐの「ちょっと」、ⓑの「大丈夫」は丁寧さに欠ける。

13 ⓐ ⓑの「お伝えする」は伝言を頼んだ相手を高める表現だが、部長に対する敬語に思われてしまうので、「申し伝える」という慣用句を用いる。

14 ⓒ 「我が社」は、社内向けの言葉。「当社」は客観的な表現だが、謝罪のときはへりくだった「弊社」を用いる。

Part3

シチュエーション別敬語②

電話の対応

電話の応対時には、
ある程度決まった敬語が使われます。
これらは一度覚えてしまえば簡単。
正しい敬語の使い方を知っておくことで、
自信をもって感じのよい対応をすることができます。

電話の対応

職場で電話を受ける・取り次ぐ

ふだんの電話では当たり前に使う「もしもし」は、ビジネスシーンでは使いません。電話では相手の表情や状況が見えないので、失礼のないよう、直接会って話すとき以上に言葉づかいに気をつけましょう。

SCENE 001 電話に出たら、まず

はい、
〇〇商事でございます。

これもOK! ○ お電話ありがとうございます。〇〇商事でございます。

これはNG! × もしもし、〇〇商事ですが。

電話を取ったら、まず、こちらから名乗るのがきほん。
語尾は「ですが」ではなく「です」と言い切るほうが好印象。
「ございます」にすれば、より丁寧です。

応用

➡ すぐに電話に出られなかったときは

お待たせいたしました。
〇〇商事でございます。

3コール以上、相手を待たせてしまったときには
最初に「お待たせいたしました」とお詫びの言葉を。

SCENE 002　先方が名乗ったあとに

お世話になっております。

これは NG!
✕ あっ、どうも!
✕ お世話さまです。

「お世話さまです」は目下の人をねぎらう言葉。
ビジネスシーンでは使わないほうがよいでしょう。

SCENE 003　担当者への取り次ぎを頼まれたら

中村でございますね。
少々お待ちください。

これは NG!
✕ 中村部長ですね。ちょっとお待ちください。

社外の人と話すときは、「中村部長」ではなく「中村」、
または「部長の中村」と言います。「ちょっと」ではなく「少々」に。

応用 ｜ こんなときは

➡ 自分あての電話だったとき

はい、わたくし加藤でございます。
お世話になっております。

➡ 同じ名字が複数いるとき

中村が2名おりますので、
フルネームでお願いできますでしょうか。

SCENE 004 間違い電話だと思われるとき

こちら○○商事と申します。恐れ入りますが、何番におかけでしょうか？

間違いと決めつけたり、無言で切ったりせずに、
相手に確認を求める表現に。

SCENE 005 担当者に取り次ぐ

中村さん、○○社の鈴木様からお電話です。

誰から誰への電話なのかを簡潔に、かつ明確に伝えることが大切。
社内で上司を呼ぶときは「中村さん」でも「中村部長」でもOK。

応用 | こんなときは

➡ 相手が名乗らないとき

失礼ですが、お名前をうかがってもよろしいでしょうか。

これもOK! ○ **恐れ入りますが、お名前をお聞かせ願えますでしょうか。**

これはNG! ✕ お名前をいただけますか？

「失礼ですが」といったクッション言葉（→p.34）を添えると、
相手に失礼がなく、やわらかい印象に。
名前は“もらう”ものではないので「お名前をいただく」は間違い。

➡ 相手の名前が聞き取れなかったとき、聞いたが忘れてしまったとき

恐れ入りますが、お名前を
もう一度お願いできますでしょうか。

これはNG! ✕ すみません。お名前が聞き取りにくかったのですが。

「聞き取りにくかった」では、相手のせいにしているよう。
クッション言葉（→p.34）を添えて、名前を尋ねましょう。

➡ 電話が遠くて聞きづらいとき

少々お電話が遠いようですが。

これもOK! ○ **恐れ入りますが、**
もう一度お願いできますでしょうか。

これはNG! ✕ すみません、よく聞こえないんですけど。

相手のせいにせずに、もう一度言ってもらえるよう促す表現に。

➡ 相手を待たせてしまいそうなとき

大変お待たせしております。
よろしければ、折り返し中村から
お電話を差し上げるように
申し伝えましょうか？

これはNG! ✕ 時間がかかりそうなので、
あとでおかけ直しいただけますか？

相手を待たせそうなときは（30秒以上）、いったん電話を取って、
折り返しの電話を申し出るとよいでしょう。
相手にかけ直しをお願いするのは失礼です。

SCENE 006 指名された人が離席中のとき

**申し訳ございません、
あいにく中村は
席をはずしておりますが、
すぐに戻るかと存じます。**

これは NG! ✕ 中村部長は席をはずしていらっしゃいます。
すぐに戻られるかと存じます。

不在の理由と、できれば戻り時間も伝えましょう。
「あいにく」は、希望に応じられずに申し訳ない、
という気持ちをひと言で表すことができる言葉です。

応用 | こんなときは

➡ 打ち合わせ中のとき

**打ち合わせ中でございますが、
30分ほどで戻るかと存じます。**

➡ 外出中のとき

**外出しておりますが、
1時間ほどで戻るかと存じます。**

➡ 電話中のとき

電話中でございます。

➡ 来客中のとき

接客中でございます。

➡ 出張中のとき

**出張中でございまして、
10日から出社する予定です。**

「9日まで出張」と言うより「10日から出社」のほうが、
相手に出社日が明確に伝わります。

➡ 体調不良で休んでいるとき

中村は本日、休みをとっております。

これは NG! ✕ 中村は本日、体調不良のため、
お休みをいただいております。

休みは社外の人からもらうわけではないので、
電話の相手に「お休みをいただく」は間違い。
「体調不良のため」などと、休みの理由を説明する必要はありません。

➡ 退社しているとき

本日はすでに退社いたしました。

SCENE 007 こちらからかけ直すことを提案する

**折り返し、こちらから
お電話いたしましょうか？**

これもOK!
○ **折り返し、お電話差し上げますが、
いかがいたしましょうか？**

相手にも都合があるので、一方的に「折り返す」のではなく、
相手の意向を尋ねる言い方に。

SCENE 008 かけ直してほしいと言われたら

かしこまりました。

これもOK!
○ **承知いたしました。**

SCENE 009 相手の電話番号を尋ねる

**念のため、ご連絡先を
うかがってもよろしいでしょうか？**

これもOK!
○ **中村は、○○様のお電話番号を
存じておりますでしょうか？**

これはNG!
× 連絡先を教えてください。

「教えてください」より「〜でしょうか？」と尋ねる言い方が、
相手に配慮した親切な対応、という印象を与えます。

応用 | こんなときは

➡ 担当者に「あとでかけ直すと伝えて」と言われたら

お待たせして申し訳ございません。
中村が、のちほどこちらから
ご連絡差し上げたいと申しておりますが。

これはNG! ✕ 中村は、いま手が離せないので、
のちほどかけ直すそうです。

「手が離せない」では、相手をぞんざいに扱っている印象。
どれくらいあとにかけ直すか、
わかるなら時間の目安も伝えましょう。

➡ 至急、担当者に取り次いでほしいと言われたら

承知いたしました。
確認いたしますので、
少々お待ちいただけますでしょうか。

担当者が打ち合わせ中の場合、メモを見せ指示をあおぎます。

➡ 相手が自分からかけ直すと言ったら

恐れ入ります。それでは、
中村にその旨《むね》、申し伝えます。

➡ 電話中に、離席していた担当者が戻ってきたら

中村が戻ってまいりましたので、
少々お待ちください。

これもOK! ○ 中村が戻ってまいりましたので、
おつなぎいたします。

SCENE 010 用件を聞く

**わたくし、加藤と申します。
よろしければ、
わたくしがご用件を承《うけたまわ》りますが。**

これはNG! ✕ どんな用件でしょうか？

相手が用件を伝えたくない場合もあるので、
相手の意向を尋ねるようにします。
「用件」は相手の用件なので、「ご」をつけて「ご用件」に。

SCENE 011 伝言を頼まれたら

はい、承《うけたまわ》ります。

これはNG! ✕ どうぞ。

「承る」は「聞く」の謙譲語。
「どうぞ」だけでは“上から目線”で、不親切な印象です。

SCENE 012 伝言を聞き終えたら

**かしこまりました。
中村が戻り次第、申し伝えます。
わたくし、加藤が承《うけたまわ》りました。**

これはNG! ✕ わかりました。中村に伝えます。 ✕ 中村部長にお伝えします。

「申し伝えます」は、社外の人との会話のなかで、
自分が伝言する旨《むね》を伝えるお決まりの表現。
「お伝えします」は、自社の人を立てていることになり間違い。

応用 ｜ こんなときは

➡ 伝言内容を復唱する

**念のため復唱いたします。
（伝言の内容）……、
以上でよろしいでしょうか。**

伝言内容は、忘れないうちに必ずメモに残します。

➡ 電話番号を復唱する

**復唱いたします。
03-0000-0000、
○○社の鈴木様ですね。**

伝言の聞き違いはトラブルのもと。
とくに、電話番号と相手の社名、名前は復唱して
きちんと確認しましょう。

SCENE 013 尋ねられた内容についてわからないとき

申し訳ございませんが、
わたくしではわかりかねます。

これはNG! ✕ ちょっとわからないのですが。

「わかりかねます」は「わかりません」の丁寧な言い回し。
「お答えしたいができずに申し訳ない」という意味を含みます。

SCENE 014 電話を切る

お電話ありがとうございました。
失礼いたします。

相手より先に電話を切らないように注意。
相手が電話を切ったのを確認してから、
静かに受話器を置くようにしましょう。

Check!

セールス電話を上手に断る

どんな電話であれ、「間に合ってます！」などときつく言い返され、ガチャンと切られたら気分が悪いもの。相手は仕事で電話をかけてきているはずです。上手に断るには、「またの機会に検討させていただきます」「せっかくですが、お断りさせていただきます」「わたくしどもでは必要ございません」といった言い方をするとよいでしょう。

応用 ｜ こんなときは

➡ 上司の家族からの電話を受けたら

**中村部長には、
いつも大変お世話になっております。**

この場合は、上司は“自分側の人”ではないので、
敬語を使います。とっさの判断で間違わないように注意！

➡ 上司の家族からの電話で、上司が不在中のとき

**中村部長は、
ただいま打ち合わせ中でございます。
いかがいたしましょうか。**

➡ 上司の家族からの伝言を聞いて

**承知いたしました。
中村部長が戻られましたら、
お伝えいたします。**

これはNG! ✕ 中村部長に申し伝えます。

あっ部長の
奥様からだ！
え〜と、
「中村部長に申し伝えます」、
……じゃなくて、
「お伝えいたします」
でいいんだっけ？

電話の対応

取り次がれた電話・自分あての電話に出る

自分あての電話を取り次がれたら、迅速に代わり、名乗るのがきほん。もたもたして相手を待たせることのないよう、つねに机まわりや仕事の内容を整理しておくことも大切です。

SCENE 001 取り次がれた電話に出る

お電話代わりました。
加藤でございます。

これは NG! ✕ もしもし、加藤ですけど。

本人が出たことが相手にすぐに伝わるよう、
まず、「お電話代わりました」のひと言を。「加藤です」でも、
より丁寧に、「加藤でございます」でもどちらでもOK。

応用 | こんなときは

➡ すぐに電話に出られなかったときは

お待たせして申し訳ございません。
加藤でございます。

➡ しばらく会っていない相手なら

加藤でございます。
ご無沙汰しております。

SCENE 002 先方が名乗ったあとに

いつもお世話になっております。

これはNG! ✕ お世話さまです。

応用｜こんなときは

➡ こちらからの着信を見てかけてきた相手なら

お電話ありがとうございます。
よろしければ、
こちらからおかけ直しいたしますが。

仕事の依頼など、こちらからのお願いごとの場合、
すぐに折り返しかけ直すことを申し出ましょう。

➡ 手が離せず、かけ直したいときは

誠に申し訳ございませんが、
ただいま少々時間に追われておりまして、
30分後に、わたくしのほうから
お電話させていただけますでしょうか。

これはNG! ✕ いまちょっと忙しいので、
あとでこちらからかけ直します。

直接的に「忙しい」ではなく、相手に配慮した言い方に。

➡ 取り次がれた電話に心当たりがないときは

わたくし加藤でございます。
失礼ですが、どちらの〇〇様でしょうか？

SCENE 003 電話を切る

お電話ありがとうございました。失礼いたします。

これも OK!

それでは、よろしくお願いいたします。失礼いたします。

応用 | こんなときは

➡ 相手が翌日、来社することになったら

それでは明日、お待ちしております。

➡ 引き続き、やりとりが続く場合

それでは、またご連絡いたします。

Check!

電話を切るタイミング

電話は、かけたほうが先に切るのがマナーだとされています。しかし、相手が目上の人やお客様の場合は、こちらからかけた電話でも相手が切るのを確認してから受話器を置くようにしましょう。

たとえ相手に聞こえないにしても、受話器をガチャンと置くのはNG。社内の人の気にさわることもあるので、つねに静かに受話器を置くことを心がけましょう。

電話の対応

クレーム電話に対応する

クレーム電話は、対応が悪いと相手の怒りが増し、二次クレームに発展してしまうことも。一方で、きちんとした対応は挽回のチャンスです。冷静に対応できるようにポイントを押さえておきましょう。

SCENE 001 クレームの電話を受けたら、まず

ご迷惑をおかけしまして、大変申し訳ございません。

まずは、相手の気持ちを受け止め、迷惑をかけたことへのお詫びを。動揺すると早口になったり、滑舌が悪くなったりしがちなので、ひと呼吸おいて気持ちを落ち着かせて。

SCENE 002 相手の話を聞きながら

さようでございますか……。

相手の話に相づちを打って、話をきちんと聞く姿勢を示しましょう。
「でも」「そうおっしゃいましても」などと話をさえぎったり、相手を否定する言葉を使ったりするのはNG。

SCENE 003 クレームの詳細を確認する

恐れ入りますが、詳しくお聞かせいただけますでしょうか。

該当の担当者にスムーズに取り次ぐためにも、
相手の状況をきちんと把握しておくことが大切です。

SCENE 004 担当者に取り次ぐ

ただいま、担当者に代わります。恐れ入りますが、少々お待ちいただけますでしょうか。

保留の時間は30秒以内に。時間がかかりそうなときは、
相手の名前と電話番号を聞いて、折り返し電話するようにします。

応用 | こんなときは

➡ 自分では判断できないとき

わたくしの一存では判断いたしかねますので、上司と相談いたしまして、折り返しご連絡させていただけますでしょうか。

➡ 確認してから折り返し電話したいときは

お調べいたしまして、15分後にこちらから折り返しお電話を差し上げたいのですが、ご都合はいかがでしょうか？

SCENE 005 こちらの不手際を詫びる

誠に申し訳ございません。

丁寧な敬語を使い、お詫びの気持ちを伝えましょう。
ただし、同じ言葉をやたらと繰り返すと逆効果になるので注意。

応用 | こんなときは

➡ 相手が納得してくれたら

**説明がいたらず
申し訳ございませんでした。**

➡ 相手が納得してくれないときは

**（事情を説明して）
ご了承いただけないでしょうか。**

SCENE 006 電話を切る間際に

**貴重なご意見をいただき、
ありがとうございました。
わたくし、加藤が承《うけたまわ》りました。**

これも OK! ○ 今後、このようなことがないように
十分注意いたします。

これも OK! ○ また何かお気づきの点がございましたら
ご連絡いただければと存じます。

電話の対応

取引先やお客様に電話をかける

電話をかけるときは、話し始めてからもたつくことのないよう、伝えたい内容や確認したい点を整理しておきましょう。資料やメモなどが必要であれば、あらかじめ手元に用意しておくことも忘れずに。

SCENE 001 電話をかけて、まず

〇〇商事の加藤と申します。いつもお世話になっております。

これはNG! ✕ もしもし、〇〇商事の加藤ですが、〇〇課長をお願いいたします。

最初に、社名と自分の名前をはっきり伝えましょう。

応用 | こんなときは

➡ 朝に電話するときは（10時前など）

朝のお忙しいところ、お電話いたしまして申し訳ございません。

➡ 夜遅くに電話するときは（夜8時以降など）

夜分に恐れ入ります。

➡ 外出中の相手には

お出かけ先まで、申し訳ございません。

➡ 相手が休日だとわかっているときは

お休みのところ申し訳ございません。

➡ 間違えて電話をかけてしまったときは

大変失礼いたしました。
番号をかけ間違えたようです。

これはNG! ✕ あっ、間違えました。

間違えてしまったときこそ、焦らず、丁寧にお詫びの言葉を伝えましょう。

Check!

電話をかける時間帯

電話をかけるときに大切なのは、自分の都合ではなく、相手の状況を考えるということ。相手が忙しいと思われる時間帯や食事の時間帯は、緊急のとき以外はかけるのを遠慮しましょう。

相手が会社の場合は、基本的に就業時間内に。始業時刻直後やお昼休み中、終業間際は避けましょう。個人宅なら、朝10時頃から夜8時頃までの間が目安。どうしても早朝（夜明けから1〜2時間）や夜遅く（夜8〜10時頃）にかける必要があるときは、非礼を詫びる言葉を添えましょう。

SCENE 002 取り次ぎをお願いする

課長の今井様は いらっしゃいますでしょうか？

これはNG!

✕ 今井課長様をお願いします。

✕ 今井課長はおられますか？

「部長」「課長」などの役職名は、それだけで敬意を表すので、「様」をつける必要はありません。「おられますか？」は謙譲語。「いらっしゃいますか？」のほうが適切です。

SCENE 003 「少々お待ちください」と言われたら

恐れ入ります。

これもOK!

○ お願いいたします。

「はい」でも間違いではありませんが、「恐れ入ります」、または「お願いいたします」のほうが、丁寧な対応です。

SCENE 004 相手が出たら

○○商事の 加藤でございます。 いつもお世話になっております。

会社名と名前をはっきりと伝え、「お世話になっております」ときちんとあいさつを。

応用 ｜ こんなときは

➡ 相手からの電話に折り返した場合

お電話をいただいたようですが、
席をはずしており、
申し訳ございませんでした。

これは NG! ✕ 電話をもらったようですが。

➡ 忙しい時間帯にかけてしまったとき

お忙しい時間に申し訳ございません。

始業時間の直後、昼休み中やその前後、終業時間の直前などは、電話をかけないのがマナーですが、やむを得ない理由でかけた場合は、ひと言お詫びの言葉を添えましょう。

➡ はじめて話す相手には

はじめてお電話いたします。
わたくし、○○商事の加藤と申します。

いきなり用件を切り出さずに、まず名乗ります。

➡ はじめて話をする相手に電話した経緯を伝える

このたび、お仕事のご相談で、
お電話をさせていただきました。

これも OK! ○ **このたび、御社のお仕事を**
担当させていただくことになりました。

誰でも面識のない人からの突然の電話には戸惑うもの。電話をした経緯や用件を簡潔に伝えましょう。

SCENE 005 相手が電話中・離席中のときは

では、のちほど改めて
お電話させていただきます。

これもOK! ○ **30分ほどしてから、**
かけ直させていただきます。

これはNG! ✕ じゃあ、また電話します。

「じゃあ」は「では」に、「また」は「のちほど」に
言い換えましょう。
どれくらいあとにかけ直すか、時間のめども伝えましょう。

応用 | こんなときは

➡ 相手の戻り時間が知りたいときは

今井課長は
何時ごろ戻られるご予定でしょうか？

これはNG! ✕ 何時ごろお戻りになられますか？

「お戻りになられる」は二重敬語（→p.44）なので間違い。
「お戻りになる」、または「戻られる」「戻っていらっしゃる」に。

➡ 「休んでいる」と聞いて

さようですか。
それでは、かけ直しいたしますが
明日《みょうにち》はご出社の予定でしょうか？

ビジネスシーンでは、「あした（明日）」ではなく
「みょうにち（明日）」と言います。
休みの理由を聞くのは、控えたほうがよいでしょう。

SCENE 006 「折り返し電話する」と言われたら

恐れ入りますが、
そのように
お願いできますでしょうか。

基本的には、相手にかけ直しをお願いするのはNGですが、
相手の用件で折り返した電話がつながらない場合や、
相手の不在が続いた場合は、折り返す申し出を受けてもOK。

SCENE 007 電話番号を聞かれたら

よろしいでしょうか？
03-0000-0000です。

「よろしいでしょうか？」と、相手のメモの準備の確認を。
電話番号は市外局番をつけて伝えます。

応用 | こんなときは

➡ **「折り返し電話する」という申し出を断るとき**

いいえ、それには及びません。
お願いしたいこともございますので、
こちらからおかけ直しいたします。

これはNG! ✕ いえ、結構です。
またこちらから、かけ直します。

お願いごとでかけた場合は、
改めて自分からかけ直すようにします。
申し出を断るとき、「結構です」は直接的でややきつい印象。

SCENE 008　伝言を頼む

今井様に、○○商事の加藤から電話がありましたことをお伝えいただけますでしょうか。

これはNG!　×　お電話がありましたことを伝えてもらえますでしょうか。

電話をしたのはこちらなので、「お電話」と敬語にする必要はありません。

応用｜こんなときは

➡ メールを送ったことを伝言する

メールをお送りいたしましたので、ご確認いただきたいと、お伝えいただけますでしょうか。

➡ 至急、電話が欲しいと伝言する

至急、ご相談したいことがございますので、ご連絡をくださるよう、お伝えいただけますでしょうか。

SCENE 009　伝言を頼んだ相手の名前を確認する

失礼ですが、お名前をうかがえますでしょうか？

SCENE 010　相手が出先で、携帯電話にかけるとき

**〇〇商事の加藤です。
鈴木様でしょうか？**

これもOK!　○ **鈴木様の携帯電話でしょうか？**

間違えて電話したことに気づかず、いきなり用件を話し始めるようなことがないように、相手を確認しましょう。

SCENE 011　携帯電話の相手の状況を確認する

**携帯電話にご連絡し、
申し訳ございません。いま、
お話ししてもよろしいですか？**

これもOK!　○ **いま、少し
お時間をいただけますでしょうか。**

外出中の相手は、打ち合わせ中や電車で移動中かもしれません。用件の前に、まずは相手の都合を確認しましょう。

Check!

携帯電話のビジネスマナー

どこにいてもいつでも連絡が取れ、便利な携帯電話ですが、会社にかけるときと同様、始業直後や昼休み、終業直前を避けるのがマナーです。

名刺に書かれていない携帯電話の番号を教えてもらった場合は、基本的には、まずは会社にかけるようにしましょう。相手が不在で、緊急の用件で連絡を取りたい場合、電話に出てくれた相手の会社の人に「携帯番号を教えていただいておりますので、そちらにおかけしてもよろしいでしょうか?」と確認をとるようにします。

SCENE 012 途中で切れてしまい、かけ直す

**大変失礼いたしました。
切れてしまいました。
続けてよろしいでしょうか？**

携帯電話の場合、途中で切れてしまうことも。
すぐにかけ直し、改めて、話をしてもよい状況なのか
確認しましょう。

SCENE 013 携帯電話の留守番電話にメッセージを入れる

**○○商事の加藤と申します。
改めてお電話いたします。**

着信履歴があるのにメッセージが残っていないと相手は不安に。
時間が限られているので、改めて電話することや用件を
ポイントを押さえて手短に残しましょう。

電話でアポイントをとる・問い合わせをする

電話で打ち合わせのアポイントをとったり、問い合わせをしたりするときには、一方的に自分の希望を述べたり、質問したりせずに、相手の都合や状況を考えるようにしましょう。

SCENE 001 電話の概要を伝える

本日は、○○の件でご連絡いたしました。

社名や名前を名乗ったあと、用件の概要を手短に伝えると、そのあとの話がスムーズに進みます。

SCENE 002 相手の状況を確認する

いま、お時間よろしいでしょうか？

これはNG! ✕ いま、ちょっといいですか？

つねに相手の状況や都合を考えるようにしましょう。
ビジネスシーンでは「ちょっと」は使いません。
使うのであれば改まり語(→p.219)の「少々」に言い換えましょう。

SCENE 003 訪問のアポイントをとる

一度、ごあいさつに うかがわせて いただきたいのですが。

「うかがう」は「行く」の謙譲語。訪問の目的を簡潔に伝えましょう。

応用｜こんなときは

➡ 訪問の目的が打ち合わせのときは

打ち合わせをお願いしたいのですが。

これもOK! **打ち合わせのお時間をいただきたいのですが。**

自分から相手に打ち合わせを依頼する場合、
「お」をつけて「お打ち合わせ」とする場合もありますが、
「打ち合わせ」でも差し支えありません。

SCENE 004 相手の予定を聞く

来週中にお時間を いただけますでしょうか？

これもOK! **12日以降で、ご都合のよい日を 教えていただけますでしょうか？**

アポイントをとる際には、相手の都合を優先します。
日時を限定せず、「来週中」「12日以降」というように、
ある程度、選択の幅をもたせましょう。

SCENE 005 相手に提案された日時がOKなら

**その日であれば、
あいております。それでは、
10日午後2時にうかがいます。**

これもOK!

**それでは、
10日の午後2時にまいります。**

「うかがう」も「まいる」も「行く」の謙譲語。
自分がへりくだることで相手に敬意を表します。

SCENE 006 相手に提案された日時は、都合が悪い場合

**申し訳ございません。
あいにく、その日は
都合が悪いのですが……。**

これもOK!

**はずせない用事がありまして……。
ほかの日でお願いできませんでしょうか。**

「あいにく」を使うことで、
申し訳ないという気持ちを表現することができます。

応用 | こんなときは

➡ いつでもよいと言われたら

**それでは、来週5日、6日、9日は
いかがでしょうか?**

候補日を3日くらいに絞って提案しましょう。

SCENE 007 約束の日時を変更したいときは

**申し訳ございませんが、
10日午後2時のお約束を
午後3時に変更して
いただくことは可能でしょうか？**

こちらの都合で変更してもらうので、まずはお詫びの言葉を。
「申し訳ございませんが」で変更のお願いを切り出します。

SCENE 008 変更してもらったお礼を言う

**ありがとうございます。
こちらの都合で勝手を言って
申し訳ございません。**

これはNG! ✕ 助かります。用事が入ってしまいまして。

NGの言い方は、まるでほかの用事のほうが大事なような
印象を与えてしまいます。

SCENE 009 変更した日時を確認する

**それでは、
10日の午後4時に
おうかがいします。
よろしくお願いいたします。**

SCENE 010 電話で問い合わせをする

**○○の件で
うかがいたいのですが。**

これもOK!
- ○ **○○の件でお聞きしたいのですが。**
- ○ **○○の件でお尋ねしたいのですが。**

「うかがいたい」「お聞きしたい」「お尋ねしたい」は
どれも「聞きたい」を謙譲語に言い換えたもの。
「おうかがいしたい」にすると二重敬語（→p.44）で間違いになります。

SCENE 011 担当者に取り次いでもらう

**ご担当の方を
お願いできますでしょうか。**

これもOK!
- ○ **おわかりになる方に
代わっていただけますでしょうか?**

これはNG!
- × **わかる人をお願いします。**

担当者の名前がわからないときは、
「ご担当の方」「おわかりになる方」がよいでしょう。
「わかる人」という言い方には、敬意が感じられません。

SCENE 012 対応してもらったお礼を言う

**お忙しい中
ありがとうございました。**

電話の対応

社外から職場への電話連絡

出先から職場にいる上司に報告をするとき、遅刻や欠勤の連絡をするときなどにも、スマートに敬語を使いこなしたいものです。内容を的確に、印象よく伝えるためのポイントを押さえておきましょう。

SCENE 001 職場に電話をかけ、上司に取り次いでもらう

お疲れさまです。
加藤です。
中村課長をお願いできますか？

応用｜こんなときは

➡ 朝、電話をするときは

おはようございます。加藤です。
中村課長をお願いできますか？

SCENE 002 上司が電話に出たら

お疲れさまです。
加藤です。

「お疲れさまです」とスッと言えるよう、習慣づけましょう。

SCENE 003 遅刻を報告する

申し訳ありません。電車の車両故障で、遅れております。10時には出社いたします。

これもOK! ○ **申し訳ありません。いま、会社に向かっていますが、15分ほど遅れてしまいそうです。**

言い訳よりも、どのくらい遅れるのかを伝えることが大切。

SCENE 004 欠勤の相談をする

申し訳ありません。朝から頭痛がひどいので、本日は休みをいただけますでしょうか。

これはNG! × 今日は休みます。

一方的に休むことを報告するのではなく、
上司にお願いをして了承を得るようにしましょう。
休めばその日の仕事が滞り、周囲に迷惑をかけることを忘れずに。

SCENE 005 遅刻や欠勤の報告のあと、電話を切る

ご迷惑をおかけして申し訳ございません。失礼いたします。

復習テスト
Part3

電話対応時の敬語

Q. 次の文を正しい敬語を用いた表現に言い換えてください。

解答数　　　／6問

01 電話を取るときの第一声

問 〇〇商事です。

答

02 電話で相手の名前を復唱するとき

問 中島様ですね。

答

03 電話の相手に担当者がいるかどうかを尋ねるとき

問 〇〇商事の古田ですが、早川さんをお願いします。

答

04 上司にかかってきた電話を取り次ぐとき

問 佐々木部長ですね、ちょっと待ってください。

答

05 相手の声が聞き取りにくいとき

問 電話が遠いので、もう一度言ってください。

答

06 指名された社員がトイレに行っているとき

問 すみません。荒川さんは、いまトイレです。

答

答

01「はい、〇〇商事でございます」
ビジネスの電話は3コール以内で取るのがきほん。それ以上待たせてしまったときは「お待たせいたしました」とひと言添える。

02「中島様でいらっしゃいますね」
「(中島様で) ございますね」は、「である」の丁寧語で尊敬語ではないため間違い。尊敬語の「いらっしゃる」を用いる。

03「〇〇商事の古田と申します。早川様はいらっしゃいますか?」
「(古田様は) おられますか?」は、「いる」の謙譲語のため間違い。

04「佐々木でございますね、少々お待ちください」
「ちょっと」は改まり語 (→p.219) の「少々」に。
あきらかに長く待たせそうなときは、かけ直すことを申し出る。

05「恐れ入りますが、少々お電話が遠いようなので、もう一度お願いいたします」
うやむやにせず「恐れ入ります」などのクッション言葉を用いて確認する。

06「申し訳ございません。荒川はただいま席をはずしております」
電話をすぐに取り次ぐことができない場合、外出や会議のように長時間かかる場合以外は、すべて「席をはずしております」という対応でよい。

これでレベルUP⑦

ビジネスメールのマナーと敬語

手軽で便利なメールも、書き方を間違えると肝心なことが伝わらなかったり、相手を不快にさせたりしてしまいます。いくつかのポイントときほんのマナーを押さえて、スマートなやりとりしましょう。

押さえておくべきポイントは?

ビジネスメールは、読みやすく簡潔にまとめることがきほんです。手紙のように決まった形式はありませんが、読み手の立場に立って「読みやすい」文章を心がけましょう。記録として残るものなので、とくに数字や言葉の間違いには注意が必要です。また、直接会って話すときよりも相手に意図が伝わりにくいこともあるので、送信前にもう一度、誤解を受けやすい表現がないか見直しましょう。

チェックポイント

- □ 送信先のアドレスは正確か
- □ CcやBccの使い分けができているか
- □ 件名はわかりやすく簡潔か
- □ 宛名の会社名、部署名、氏名などが間違っていないか
- □ 宛名に敬称はついているか
- □ 読みやすくわかりやすい文章になっているか
- □ 適度な改行と空白があるか
- □ 第三者に見られても問題ない内容・表現か
- □ 誤字・脱字はないか
- □ 顔文字や機種依存文字が入っていたり、htmlメールになっていたりしないか
- □ 添付ファイルの形式・容量に問題はないか
- □ 署名は入っているか

メールの定型句

ビジネスメールでは、手紙と違って堅苦しい時候のあいさつなどは省略するのが一般的。とはいえ、いきなり用件を切り出すのは失礼ですから、「お世話になっております」などのあいさつをひと言添えましょう。文末も同じように結びの言葉で締め、最後に署名を入れます。あいさつや結びの言葉にはいくつかの決まった定型句があるので、メールの内容や状況に合わせて使い分けましょう。

メールの書き出し例

- いつもお世話になっております。
- 先ほどは、お電話で失礼いたしました。
- 本日はご多用のところ、
お時間をいただきありがとうございました。
- 突然のメールで失礼いたします。
- ○○様よりご紹介をいただき
ご連絡させていただきました。
- ご無沙汰しておりますが、
お変わりなくお過ごしのことと存じます。
- 平素よりお引き立てをいただき、ありがとうございます。

メールの結び例

- 今後とも、どうぞよろしくお願いいたします。
- 以上、なにとぞよろしくお願いいたします。
- ご連絡お待ちしております。
- ご不明な点がございましたら、お問い合わせください。
- ご検討くださいますよう、お願い申し上げます。
- 取り急ぎ、ご連絡申し上げます。

社外メールの例

宛先：abc@torihikisaki.ne.jp
Cc：
Bcc：def@jousi.ne.jp
❶

件名：見積書送付のお願い ❷

株式会社トーコー
第一営業部
山崎様
❸

平素より、大変お世話になっております。
○○建設・総務部の浅野です。

先日はご多用のところ、ご足労いただきありがとうございました。
❹

早速ですが、弊社では、ご説明いただいた貴社製品の購入を
検討させていただくことになりました。
つきましては、下記の内容で至急お見積もりをご送付いただけますでしょうか。
❺

1.品目　　○○○（型番○○-○○○）
2.数量　　○○個
3.納期　　○月○日まで
4.決済方法　翌月末銀行振込

なお、弊社での検討の都合上、
○月○日までにご送付いただけると幸いです。
❻

お手数をおかけいたしますが、よろしくお願いいたします。 ❼

=================
○○建設株式会社　総務部
浅野真一
〒○○○-○○○○
東京都千代田区外神田○-○-○
TEL：03-○○○○-○○○○（直通）
03-○○○○-○○○○（代表）
FAX：03-○○○○-○○○○
=================
❽

❶ 宛先：相手のアドレスに間違いがないことを確認する。

〈To、Cc、Bccの使い分け〉

宛先（To）の相手だけでなく、他の関係者にも参考のためにメールを確認してもらいたい場合は、Toの相手にも誰に送信したのかがわかるCcで送る。季節のあいさつやお知らせなど、互いに面識のない複数の相手に一斉送信する場合は、他の送信先が表示されないBccを使い、個人情報が漏れないように注意する。この例のように、取引先とのやりとりの確認のため上司に送る場合は、CcではなくBccで送るほうがスマート。

❷ 件名：メールの内容がひと目でわかるような件名を心がける。

〈その他の例〉

- ○○の打ち合わせについて
- メールアドレス変更のお知らせ
- 転勤のごあいさつ

❸ 宛名：相手の氏名、所属部署、会社名に間違いがないことを確認し、敬称をつける。

上司や社内の人にCcを送る場合は、宛名に「Cc：弊社 中村」「Cc：中村」などと記し、様や殿はつけない。

❹ あいさつ：通常は「お世話になっております」くらいのあいさつで十分だが、社外の人にお願いごとをする場合は、あいさつや名乗りも丁寧な表現を心がける。

❺ 本文：本文は簡潔に。

❻ 記：相手に必要な情報は、箇条書きで書き出すとわかりやすい。

❼ 結び：メールの内容に合わせて、結びの言葉もパターンを変えて締める。

❽ 署名：差出人の氏名や連絡先などを明記した署名は、あらかじめフォーマットを用意しておくとよい。

社内メールの例

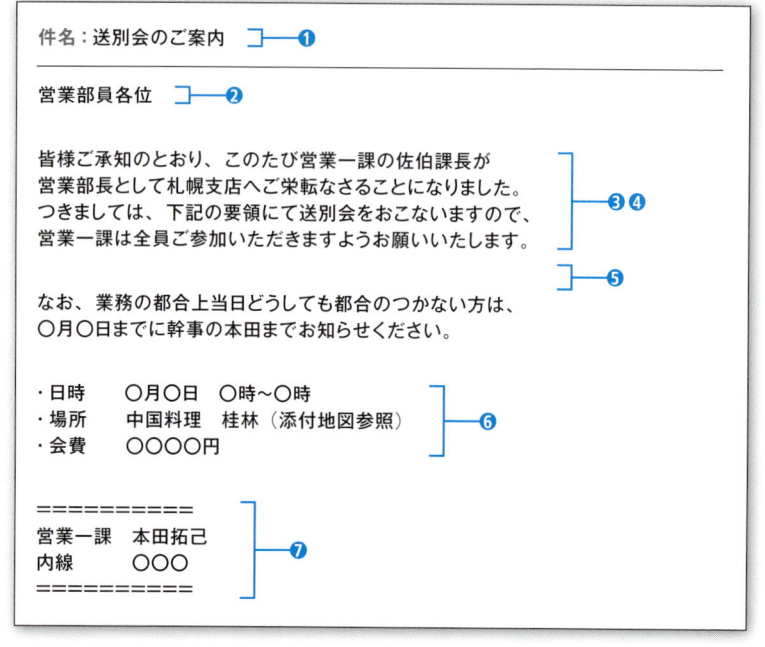

件名：送別会のご案内　❶

営業部員各位　❷

皆様ご承知のとおり、このたび営業一課の佐伯課長が
営業部長として札幌支店へご栄転なさることになりました。
つきましては、下記の要領にて送別会をおこないますので、
営業一課は全員ご参加いただきますようお願いいたします。　❸❹

❺

なお、業務の都合上当日どうしても都合のつかない方は、
○月○日までに幹事の本田までお知らせください。

・日時　○月○日　○時～○時
・場所　中国料理　桂林（添付地図参照）
・会費　○○○○円　❻

==========
営業一課　本田拓己
内線　○○○
==========　❼

❶ **件名は、メールの内容がわかるよう具体的に。**

❷ **宛名は正確に。**
誰あてのメールかすぐにわかるよう、本文の前に相手の名前（大勢の場合は「各位」）を入れる。

❸ **簡単なあいさつを入れる。**
例文のように、社内への連絡や案内などの場合は、あいさつを省略してもよい。

❹ **本文は結論から書く。**

❺ **読みやすいように、適度なところで空白行を入れる。**
多くても4～5行を目安にするとよい。

❻ **添付ファイルがあるときは、その旨を記す。**
添付ファイルは容量や形式に注意して、できるだけ容量を軽くし、汎用性のある形式を選ぶ。

❼ **最後に署名を入れる。**
署名はあらかじめ用意しておくと便利。

Part4

シチュエーション別敬語③

就職活動のときに

正しい敬語を使うことができれば、
初対面でも相手に好印象を与えることができ、
自分をアピールする大きなポイントになります。
問い合わせや面接時のマナーも
チェックしておきましょう。

就職活動のときに

電話で問い合わせをする

短時間の電話でのやりとりのなかで、相手に“きちんとした印象”を与えるためには、改まり語（→p.219）やクッション言葉（→p.34）などの敬語を使いこなすことがポイントです。

SCENE 001 電話をかけ、名前を言う

わたくし、〇〇大学の松田大介と申します。

一人称は、「わたし」よりも、「わたくし」のほうが丁寧な印象。
「ぼく」や「俺」はもちろん、「自分」も不適切です。
名乗るときは「学校名＋フルネーム＋と申します」がきほんです。

SCENE 002 用件を伝える

恐れ入りますが、求人の件でうかがいたいことがあり、ご連絡させていただきました。

いきなり用件を話し始めるのではなく、
クッション言葉（→p.34）の「恐れ入りますが」を添えることで、
相手にスムーズに話を受け入れてもらえます。

SCENE 003 担当者に取り次ぎをお願いする

**ご担当の〇〇様は
いらっしゃいますでしょうか？**

応用 | こんなときは

➡ 担当者の部署、名前がわからないときは

**〇〇職の応募の件で、ご担当の方を
お願いできますでしょうか。**

SCENE 004 担当者が出たら

**お忙しいところ恐れ入ります。
わたくし、松田大介と申します。**

SCENE 005 用件を切り出す

**〇〇職の応募の件で、
お電話いたしました。いま、
お話ししてもよろしいでしょうか？**

これはNG! ✕ あの～、〇〇職の求人の件なんですけど。

その場で慌てないよう、書類やメモを手元に用意し、
たとえ相手から見えなくても、姿勢を正して話しましょう。

SCENE 006 面接時間を指定されたら

承知いたしました。では、
5日の午後1時にうかがいます。

これはNG! ✕ わかりました。
5日の午後1時に行きます。

「わかりました」は、「承知いたしました」に言い換えましょう。
「うかがう」は「行く」の謙譲語です。

応用｜こんなときは

➡ 指定された日時の都合が悪い場合は

申し訳ございません。
その日は、あいにく予定が入っております。

これはNG! ✕ あ〜、その日は微妙なのですが。

「あいにく」は意に反する気持ちをうまく伝える言葉。
「微妙」など、若者言葉（→p.16）が出ないよう気をつけましょう。

SCENE 007 電話を終える

お忙しいところ、
ありがとうございました。
失礼いたします。

相手が電話を切ってから、静かに受話器を置きます。

就職活動のときに

面接試験での応答

敬語は、きちんと理解して使わないと、相手に失礼な印象を与えるばかりか、伝えたい内容が正しく伝わらないことも。面接試験のような緊張する場面でも使いこなせるよう、しっかり身につけておきましょう。

SCENE 001 入室するとき

失礼いたします。

ドアがある場合は軽くノックをして、
会釈をしてから入室します。

SCENE 002 名前を言う

松田大介と申します。

SCENE 003 面接官にあいさつをする

よろしくお願いいたします。

SCENE 004 イスに座るように促されたら

失礼いたします。

無言で座るのは失礼。軽く会釈をしながら静かに座ります。

SCENE 005 志望動機を聞かれて

はい、
応募した動機は、……です。

これはNG! ✕ え〜と、応募の動機は……。

「え〜と」などと、ふだんの話し言葉で話し始めるのは、
印象がよくありません。質問に答えるときは、
まず「はい」と言って話したい内容を整理して答えましょう。

応用 | こんなときは

➡ 志望動機を説明する①

貴社の会社説明会で
社員の方々のお話をうかがい……。

これはNG! ✕ そちらの会社説明会で
社員の方々の話を聞いて……。

会社を高めて言う表現は「貴社」、または「御社」。
「聞く」は謙譲語の「うかがう」に言い換えます。

志望の動機を説明する②

会社案内やホームページを拝見し、○○と感じ……。

これは NG! ✕ 会社案内やホームページを見て……。

「拝見する」は「見る」の謙譲語です。

志望の動機を説明する③

貴社は○○に力を入れていらっしゃるかと存じますが……。

「存じる」は「思う」の謙譲語。
改まった場では「存じます」を使いましょう。

志望の動機を説明する④

御社にいらっしゃる大学の先輩にお話をうかがい……。

これは NG! ✕ 御社にいる大学の先輩に話を聞いて……。

敬語を使う相手が“相手側”の人か、“自分側”の人か混乱しないように気をつけましょう。

正しい敬語で
自分の思いを
きちんと伝えるのだ!

SCENE 006 アルバイトなどの経験を聞かれたら

以前は、ファミリーレストランでアルバイトをしておりました。

これはNG! ✕ 前はファミレスでバイトしてました。

✎ 「ファミレス」は「ファミリーレストラン」、
「バイト」は「アルバイト」と、省略せずに言いましょう。
同様に「コンビニ」は「コンビニエンスストア」が適切です。

SCENE 007 仕事の内容を確認する

〇〇は、具体的には、どのような仕事でしょうか。

これもOK! ○ **〇〇の内容につきまして、詳しくうかがえますでしょうか。**

これはNG! ✕ 具体的にはどんな仕事でしょうか。

✎ 「どんな」は「どのような」と丁寧な言い方に。
「仕事」は「お仕事」としなくても問題ありません。

スラスラ
ハキハキ
質問してもよろしいでしょうか?
好印象!

SCENE 008 質問を切り出す

質問してもよろしいでしょうか？

これもOK！ ○ **お尋ねしたいことがあるのですが、よろしいでしょうか？**

これはNG！ × ちょっと聞いてもいいですか？

いきなり質問を切り出さずに、まずは、
「よろしいでしょうか？」とおうかがいを立てましょう。

SCENE 009 説明を受けて納得したら

はい、承知いたしました。

これはNG！ × なるほど。わかりました。

「承知いたしました」は「わかりました」の謙譲語。
お決まりのフレーズなので覚えておきましょう。
「なるほど」は、目上の人に対して失礼な言い方です。

SCENE 010 退室する

それでは、よろしくお願いします。失礼いたします。

就職活動のときに

採用・不採用の連絡を受けて

採用・不採用の結果に関係なく、試験のために時間をさき、連絡をくれた相手に感謝の気持ちを伝えましょう。内定を辞退する場合にも、きちんと対応すればお互いに気持ちよく話が進むはずです。

SCENE 001 人事担当者からの電話を受けて

先日は、
ありがとうございました。

結果が早く知りたいところですが、
まずは、冷静にお礼のひと言を。

SCENE 002 採用を伝えられたら

ありがとうございます。
よろしくお願いいたします。

応用 | こんなときは

➡ 不採用を伝えられたら

承知いたしました。
ご連絡いただき、ありがとうございます。

不採用でも、きちんと感謝の気持ちを伝えるのがマナーです。

➡ 内定を辞退するときは

誠に申し訳ございません。
内定を辞退させていただきたいのですが。

これはNG! ✕ 他の会社に決まったので、内定を辞退します。

辞退の理由や自分の状況を一方的に伝えるのではなく、
まずは、相手にお詫びの気持ちを伝えましょう。

SCENE 003 今後の対応などの説明を受け、納得したら

承知いたしました。

これはNG! ✕ 了解しました。

「了解しました」を目上の人に使うのは間違いです。
正しい敬語と勘違いして使っている人が多いので、
注意しましょう。

SCENE 004 電話を終える

ご連絡いただき、
ありがとうございました。
失礼いたします。

スムーズに言葉が出てくるよう、
決まり文句として覚えておきましょう。

復習テスト
Part4

就職活動で使う敬語

Q. 次の文を正しい敬語を用いた表現に言い換えてください。

解答数　　　／3問

01 OB・OG訪問の日程を調整する

問　その日は予定が入っています。

答

02 電話で担当者が席をはずしているとき

問　あとで電話します。

答

03 面接の日時の連絡をもらって……

問　○月○日に本社に行きます。

答

答

01「あいにくその日は予定が入っております」
クッション言葉（→p.34）の「あいにく」を入れて、残念な気持ちを表す。

02「のちほど、こちらから改めてお電話をいたします」
折り返し電話をもらう場合は、大学名・氏名・電話番号を忘れずに伝える。

03「○月○日に本社におうかがいいたします」
または「○月○日に本社にまいります」
「行く」の謙譲語「うかがう」「まいる」を使う。

Part5

シチュエーション別敬語④

プライベートな場面で

敬語は、人間関係を円滑にするための
コミュニケーションツール。
ビジネスシーンだけでなく、日常生活のなかでも
適切な敬語を使うことができれば、
社会人として、大きく成長することができるでしょう。

プライベートな場面で

コミュニケーションのきほん

日常生活のなかで、近所の人にあいさつをしたり、人に何かを尋ねたり、お礼をしたり、謝ったり……、そんなときにも、積極的に敬語を使ってみましょう。

SCENE 001 朝、あいさつをする

おはようございます。

これは NG! ✕ あっ、どうも。

無意識のうちに「どうも」で済ませている場合があるので注意。あいさつは自分から先に、相手の目を見ながら明るく元気に、がきほんです。

Check!

「おはよう」「こんにちは」「こんばんは」の使い分けとあいさつに続ける話題

「おはようございます」から「こんにちは」に切り替える時間の目安は、10〜11時頃。「こんばんは」は、日が暮れて暗くなったら、と覚えておきましょう。

あいさつのあとにお天気や季節、近況などの話題を続ければ、ふだん話す機会が少ない人とでも会話の間がもち自然な雰囲気に。晴れた日なら「よいお天気ですね」、雨なら「あいにくのお天気ですね」、降ったりやんだりしているときは「はっきりしないお天気ですね」などが一般的です。

SCENE 002 初対面の人にあいさつする

はじめまして。
小林と申します。

これもOK! ○ **はじめてお目にかかります。**
小林と申します。

「はじめまして」よりも
「はじめてお目にかかります」のほうがより丁寧。
さらに「お会いできて光栄です」と続けると、
相手に対する敬意や好意を表すことができます。

SCENE 003 別れ際にあいさつをする

それでは、失礼いたします。

これはNG! ✕ じゃあ、また。

応用 | こんなときは

➡ 別れ際、これから出かける人や帰る人には

どうぞお気をつけて。

➡ 週末なら

よい週末を。

SCENE 004 人に何か尋ねる

恐れ入ります。
少々うかがいたいことがあるのですが、
よろしいでしょうか？

これはNG！ ✕ ちょっと聞いてもいいですか？

相手に時間をとってもらい、負担をかけるということを忘れずに。クッション言葉（→p.34）を添えて、「よろしいでしょうか?」と相手に許可を求める表現がよいでしょう。

応用｜こんなときは

➡ 人に何かを相談する

お忙しいところ申し訳ございません。
ご相談したいことがあるのですが。

➡ 人に何かを記入してもらう

こちらに書いていただけますか？

これはNG！ ✕ ここに書いてもらってもいいですか？

「〜してもらってもいいですか?」は、
相手に許可を求めているようで、
じつは、相手にしてもらうことを回りくどく言っているだけ。
「〜していただいてもよろしいでしょうか?」も不適切です。

SCENE 005 お礼を言う

どうもありがとうございます。

これもOK! ◯ **恐れ入ります。**

これはNG! ✕ どうも。

「どうも」だけでは、丁寧なあいさつとは言えないので注意。
相手が自分のためになにかしてくれたときなどは、
「恐れ入ります」で厚意に対する感謝の気持ちを表せます。

応用 | こんなときは

➡ いただき物のお礼を言う

お気遣いいただき、
ありがとうございます。

これもOK! ◯ **お心遣いに感謝いたします。**

「お気遣い」「お心遣い」は、物をいただいたときだけでなく、
相手に気遣ってもらったときにも使えるお礼の表現です。

➡ 手紙やメールをもらったお礼を言う

お忙しいなか、
ご丁寧にありがとうございます。

お礼の言葉は「ありがとうございます」がきほんですが、
状況に応じて、あとひと言添えて、
いろいろな言い回しができるようになりましょう。

SCENE 006 迷惑をかけたことを謝る

ご迷惑をおかけいたしまして、申し訳ございません。

これもOK! ○ **このたびは、申し訳ございません。**

これはNG! ✕ ごめんなさい。　✕ すみません。

「ごめんなさい」「すみません」では敬意を表すことができません。ビジネスシーンはもちろん、プライベートでも、目上の人に対しては使わないようにしましょう。

SCENE 007 「必要ない」と断る

いいえ、結構です。

「結構です」は、「それで結構です」と言うと、「それでよい、問題ない」という意味に。断るときに使う場合は、頭に「いいえ」をつけると誤解を生まずに済みます。

おはしは
必要ですか?
いいえ、
結構です。
store

SCENE 008 誘いを断る

**はずせない用事があり、
うかがうことができかねます。**

これもOK! ○ **今回は
遠慮させていただきます。**

これはNG! ✕ 用事があるので行けません。

相手を拒絶するような表現を使わずに、
やんわり断るのがマナーです。

SCENE 009 提案を断る

**申し訳ございませんが、
お受けできかねます。**

「できかねます」は「できません」を丁寧に言い換えた表現です。

応用 | こんなときは

➡ セールスなどをきっぱり断りたいときは

お断りいたします。

これもOK! ○ **間に合っていますので、
どうぞお引き取りください。**

迷惑なしつこいセールスにも、
丁寧に、毅然とした態度で対応するのが大人のマナーです。

プライベートな場面で

街や電車の中などで

街で道を尋ねたいときや、困っている人に声をかけたいとき、どう声をかけたらよいかわからない……。そんなことはありませんか？　敬語を使うことができれば、気持ちよくやりとりができるはずです。

SCENE 001　道などを尋ねるために人を呼び止める

恐れ入ります。道をお尋ねしたいのですが。

これはNG！　✕　あの～、ちょっといいですか？

いきなり用件を切り出さずに、クッション言葉（→p.34）を添えて。「お尋ねしたい」は「聞きたい」の敬語です。

SCENE 002　道を尋ねる

東京駅には、どのように行けばよいのでしょうか？

これはNG！　✕　東京駅って、どっちですか？

「～って」という言い方は、少々幼く、印象のよいものではありません。「どっち」を使うなら「どちら」と改まり語（→p.219）に言い換えます。

SCENE 003 教えてもらったお礼を言う

ご丁寧に
ありがとうございます。

さらに、「よくわかりました」「大変助かりました」と
つけ加えると、より丁寧です。

SCENE 004 自分が声をかけられたとき

はい、
どのようなことでしょうか？

これは NG! ✕ なんですか？

応用 ｜ こんなときは

➡ 急いでいて、対応できないとき

いま、急いでおりますので……。

➡ 道を聞かれたが、わからないとき

地元ではないので、わかりかねます。
お力になれず、申し訳ございません。

もし自分が尋ねる側の立場なら、露骨に迷惑そうな顔をされたり、
無視されたりするのは、嫌な気分がするもの。
相手を尊重することが、“大人の対応” です。

SCENE 005 お年寄りや妊婦に電車で席を譲る

**よろしければ、
どうぞお掛けください。**

これもOK! ○ **こちらの席が空《あ》いています。**

お年寄りのなかには「まだ若いのに」などと戸惑う人もいるので、大げさにせずに“さりげなく”がポイントです。

SCENE 006 困っている人に声をかける

**何かお困りですか？
お手伝いいたしましょうか？**

これもOK! ○ **お荷物、お持ちいたしましょうか？**

これはNG! × それ、持ちます！

「～しましょうか？」とやさしく申し出るようにすると、相手も頼みやすくなるでしょう。

SCENE 007 急いでいる人に先を譲る

よろしければ、お先にどうぞ。

これはNG! ✕ よかったらどうぞ。

「よかったら」は「よろしければ」に。
正しい敬語を使えば厚意がスムーズに伝わります。

SCENE 008 相手の申し出をやんわり断る

ありがとうございます。
どうぞお気遣いなく。

これはNG! ✕ いえ、結構です。

「結構です」は、口調によっては、
相手を拒絶した冷たい言い方だと感じられることがあるので注意。

SCENE 009 人にぶつかり、謝る

申し訳ございません。

これはNG! ✕ ごめんなさい。

謝るときに、「ごめんなさい」は改まった場では不適切です。

プライベートな場面で

家に招く・招かれる

社会人になったら、プライベートで家に人を招くときも、また、自分が誰かの家に招かれたときも、スマートな対応をしたいものです。彼や彼女の家を訪ねるときにも役立つ言い回しを覚えましょう。

SCENE 001 来客を迎える

**いらっしゃいませ。
どうぞお上がりください。**

これはNG! ✕ どうぞお上がりになってください。

「上がってください」を敬語表現にすると「お上がりください」。「お上がりになってください」は文法的に間違いです。

SCENE 002 訪問先の家に上がる

おじゃまします。

これもOK! ◯ **失礼いたします。**

「おじゃまします」は、許可を得て人の家に上がるときの決まり文句。帰るときは「おじゃましました」と過去形にします。

SCENE 003 訪問先で手みやげを渡す

ほんの気持ちですが。

これもOK! ○ **お口に合えばよいのですが。**

これはNG! ✕ つまらないものですが。

「つまらないものですが」は、本来、手みやげを渡すときに、相手の負担にならないよう謙遜の気持ちを込めて使う表現でしたが、最近は違和感を感じるという人が増え、使われなくなっています。

SCENE 004 来客に飲み物の希望を聞く

お茶とコーヒーのどちらがよろしいでしょうか?

これはNG! ✕ 何飲みます?

漠然と何がよいか聞かれても相手は困るので、2〜3つに絞って提案するとよいでしょう。

あらっ
お口に合えば
よいのですが。
言葉づかい、
おかしくないかな……。

SCENE 005 お茶菓子をすすめる

どうぞ 召し上がってください。

これもOK! ○ **どうぞ上がってください。**

これはNG! × どうぞお召し上がりになられてください。

「食べる」の尊敬語は「召し上がる」なので、
「お召し上がりになられて」とすると二重敬語（→p.44）になります。
「お召し上がりください」ならOK。

SCENE 006 訪問先でお茶やお菓子を出してもらったら

お気遣い、 ありがとうございます。

応用 | こんなときは

➡ 相手の厚意を遠慮するときは

どうぞ、おかまいなく。

これはNG! × いりませんので。

訪問先で、相手がお茶やお菓子の準備をしているときなどに、
遠慮の気持ちを表す言葉です。

SCENE 007 夕飯を食べて行くように言われたら

それでは、お言葉に甘えて、いただきます。

これもOK! ○ **それでは、遠慮なくいただきます。**

「お言葉に甘えて」は、目上の人からの申し出をありがたく受けるときに使います。

SCENE 008 帰るときは

おじゃましました。ありがとうございます。

応用 | こんなときは

➡ ごちそうになったときは

ごちそうさまでした。失礼いたします。

SCENE 009 客を見送る

またお越しください。

「お越しください」は「来てください」の敬語表現です。

プライベートな場面で

身内の集まりや同窓会などで

親戚の目上の人や、同窓会などで恩師や先輩に会ったときは、正しい敬語を使ってあいさつや近況報告をしましょう。相手にきちんとした印象をもってもらえれば、信頼関係も深まります。

SCENE 001 しばらく会っていなかった人に

お久しぶりです。
お元気でしたか？

これもOK! ○ **ご無沙汰しております。**
お元気でいらっしゃいましたか？

これはNG! ✕ ご無沙汰です。

「お久しぶりです」より「ご無沙汰しております」のほうが丁寧で改まった言い方です。

SCENE 002 近況・調子を尋ねる

お変わりありませんか？

「お変わり」は「何か変わったこと」という意味。健康だけでなく、仕事や転居など、あらゆる近況をやんわりと聞くことができます。

応用 ｜ こんなときは

➡ **体調が悪いと聞いていたとき**

お加減はいかがですか？

これもOK！ ○ **おからだの具合はいかがですか？**

病気療養中の人に「お元気ですか？」と尋ねるのはNG。
「おじさまのお加減はいかがですか？」と、
そこにいない人の様子を尋ねるときにも使える表現です。

SCENE 003 自分の近況を報告する

おかげさまで、元気に過ごしています。

これはNG！ ✕ 相変わらずです。

「おかげさま」は、さまざまな人の厚意や親切に対して、
感謝の気持ちを込めて使う言葉。
「おかげさまで就職いたしました」なとど使ってもOK。

おかげさまで、元気に過ごしています。
おっ しっかりしてきたなぁ。

SCENE 004 食事の席で、人より先に食べ始めるとき

お先にいただきます。

無言で食べ始めずに、まわりにひと言かける気遣いを忘れずに。
「いただく」は「食べる」の謙譲語です。

SCENE 005 目上の人にお酒をすすめる

ビールでよろしいですか？
お注《つ》ぎいたします。

これもOK! ○ **よろしければ、お注ぎいたしましょうか？**

グラスが空《から》になっていることに気づいたら、声をかけましょう。
飲むペースや量は人それぞれなので、
しつこくしないようにしましょう。

SCENE 006 お酒を注いでもらったら

ありがとうございます。

これはNG! ✕ あっ、どうも。

お酒を注いでもらったら、注いでくれた相手にひと言お礼を述べ、
必ず口をつけてからグラスをテーブルに置くのがマナーです。
別の人との会話に夢中で「どうも」などと済ませないように注意。

応用｜こんなときは

➡ お酒をすすめられたが、飲めないとき

お酒が飲めない体質なので……。

これもOK! ○ **不《ぶ》調《ちょう》法《ほう》なものですから……。**

体質などで飲めない人は、乾杯のときはグラスに口をつけ、
あとはやんわりと断るとよいでしょう。
「不調法」には「お酒をたしなまない」という意味があります。

➡「もう飲めない」ことを伝えるとき

もう結構です。

きつい口調で言うと相手を不快にさせてしまうことがあるので、
グラスの口を手で覆い、おだやかな口調で言いましょう。

Check!

食事中に席をはずすときには

食事中、お手洗いや電話をかけるためなどで席をはずすのは、相手に対してのマナーとしても、料理を楽しむうえでも、できれば避けたいもの。それでもどうしても席をはずさなくてはならないときは、「少々失礼いたします」と声をかけてから席を立つようにします。

とくに長時間席をはずすときには、周囲の人に「○○さんがいなくなった」と心配をかけないよう注意しましょう。

プライベートな場面で

結婚式・お見舞い・お悔み・葬儀のときに

結婚式や葬儀で使う敬語は、日常的に使うものではありませんが、知っておかないと、いざというときに何も言葉が出てこない……、という事態に。お決まりの表現を覚えておきましょう。

SCENE 001 ご祝儀を渡すときに

本日は誠におめでとうございます。新婦の友人の小川みほと申します。

無言で渡さずに、お祝いの言葉を述べながら渡します。

受付
あれっ、ご祝儀を渡すとき、どう言えばいいんだっけ？

SCENE 002 新郎新婦やその家族に

本日はおめでとうございます。

これもOK! ○ **ご結婚おめでとうございます。**
心よりお祝い申し上げます。

お祝いの言葉の定番。「いつまでもお幸せに」、「○○ちゃん、素敵な人に会えてよかったね！」などと、シチュエーションに合った言葉を続けましょう。

SCENE 003 新郎新婦の両親にあいさつをする

本日はお招きにあずかり、
ありがとうございます。
新婦の大学時代の友人で、
小川と申します。

「お招きにあずかり」は招かれたことを丁寧に言い換えた言葉。お祝いの言葉に加え、簡潔に自己紹介をします。

SCENE 004 お祝いの品を渡す

ささやかなものですが、
どうぞお受け取りください。

「ささやかなもの」と謙虚な言い方をすることで、相手が受け取りやすくなります。

SCENE 005 スピーチを頼まれたら

僭《せん》越《えつ》ながら、友人のひとりとして お祝いの言葉を 述べさせていただきます。

「僭越ながら」は、「自分の立場からすると出過ぎたことですが」と、謙虚な気持ちを表現する言葉。
大勢の前で話し始めるときの定番のフレーズです。

SCENE 006 スピーチを締めくくる

これを結びの言葉と させていただきます。

「終わる」は忌《い》み言葉なので使わずに、「結ぶ」に言い換えます。

Check!

結婚式では使ってはいけない忌《い》み言葉

「忌み言葉」とは、不吉な意味を連想させることを嫌って、使うのを避ける言葉のこと。結婚式では、右にあげた言葉は使わないようにしましょう。ふだんであれば使っても問題はない言葉ばかりなので、うっかり口に出さないよう、注意が必要です。

夫婦の別離を連想させる言葉
➡別れる、終わる、切れる、破れる、割れる

不幸な結婚生活を連想させる言葉
➡冷える、飽きる、苦しい、流れる、忙しい

実家に戻ることを連想させる言葉
➡帰る、出る、返す、戻す

再婚を連想させる言葉（重ねる言葉）
➡再び、重ねて、幾重、皆々様、しばしば、ときどき、たびたび、くれぐれも

SCENE 007 病気の人のお見舞いに行って

お加減はいかがですか？

これはNG！ ✕ 具合はどうですか？

「加減」は状態、具合のこと。丁寧な言い方にするには、「お」をつけて「お加減」とします。

応用 | こんなときは

➡ **思ったよりも元気そうなときは**

思ったよりお元気そうで安心しました。

「こちらは問題ありませんので、どうぞご安心ください」などと、その場が明るくなり、相手が安心する話題を持ち出しましょう。

SCENE 008 帰り際に

お大事になさってください。

これもOK！ ○ **ご養生なさってください。**

「養生」には、「病気の回復に努める」「生活に気をつけ、健康増進をはかる」といった意味があります。

SCENE 009 訃報《ふほう》を聞いて

突然のことで
言葉も見つかりません。
お悔《くや》み申し上げます。

「お悔み」は「人の死を悲しみ悼《いた》む」こと。
人が亡くなったときに、遺族と話すときに使います。

SCENE 010 葬儀に参列し、受付で香典を渡す

故人のご霊《れい》前《ぜん》に
お供えください。

「ご霊前」は死者の霊を祀《まつ》った場所のこと。
「ご仏前」は四十九日の法要から使う言葉で、葬式では使いません。
「お供えください」という言葉を添えて、香典を渡します。

SCENE 011 遺族にあいさつをする

このたびは
ご愁《しゅう》傷《しょう》さまでございます。

これも OK!

このたびは突然のことで、
何と申し上げたらよいのか……。

「愁傷」は死を嘆き悲しみ、相手を気の毒に感じること。
お悔みの言葉の定番です。

SCENE 012 お悔みの言葉を述べる（仏教の場合）

心よりご冥《めい》福《ふく》を お祈りいたします。

「お悔み」は「人の死を悲しみ悼《いた》む」こと。
人が亡くなったときに、遺族と話すときに使います。

応用 | こんなときは

➡ 神式の場合

心よりお悔《くや》み申し上げます。

➡ キリスト教の場合

安らかな眠りをお祈り申し上げます。

キリスト教式の葬儀では「祈り」という表現を使います。
神のもとに召されるので、「お悔み」という言葉は不適切です。

葬式で使ってはいけない忌《い》み言葉

Check！

葬儀では、たとえば「重ね重ね」「たびたび」「しばしば」など繰り返しを表す言葉は、不幸が繰り返されることを連想させるため、使いません。「がんばってください」「元気を出してください」というような励ましの言葉も、場合によっては安易で、遺族の悲しみをつのらせてしまう場合があるので、避けたほうがよいでしょう。

また、「死ぬ」「生存」といった直接的な表現は避け、「死ぬ」「死亡」は「ご逝去《せいきょ》」に、「生きる」「生存」は「ご生前」というように言い換えます。

復習テスト Part5

プライベートで使う敬語

Q. 敬語の使い方が適切でないものをⓐⓑⓒから1つ選んでください。

解答数　　／3問

01 自宅などに誘うとき

ⓐ ぜひ一度、まいってください。
ⓑ ぜひ一度、お運びください。
ⓒ ぜひ一度、お越しください。

答

02 訪問先で、飲み物は何がいいかと尋ねられ……

ⓐ お茶で結構です。
ⓑ お茶をお願いいたします。
ⓒ お茶をいただきます。

答

03 親せきに体調を尋ねる

ⓐ お加減はいかがですか?
ⓑ 体調は大丈夫ですか?
ⓒ おからだの具合はいかがですか?

答

答

01 ⓐ 「運ぶ」は、「来る」の尊敬語。「まいる」は「来る」の謙譲語。

02 ⓐ 「結構です」には「我慢する」という意味合いが含まれるため不適切。

03 ⓑ 「大丈夫」は軽い印象で、相手によっては不快に思うことも。

付録

敬語の基礎知識

ここでは、敬語の種類や
よく使われる敬語をまとめました。
知識を整理するときや
疑問に思ったことを確認するときに役立ててください。

敬語の種類

敬語を正しく使いこなすことは、社会人としての第一歩。大切なマナーのひとつです。とはいえ、慣れないうちはむずかしく感じたり、迷うことも多いもの。きほんを知って、正しい敬語を身につけましょう。

5種類の敬語

敬語には、直接相手のことをうやまう「尊敬語」と、自分側のことをへりくだって言う「謙譲語」、ものごとを丁寧に言う「丁寧語」があります。

さらに謙譲語は「謙譲語Ⅰ」と「謙譲語Ⅱ」に、丁寧語は「丁寧語」と「美化語」に分かれるため、全部で5つの種類があるということになります。

1 尊敬語	相手や話題に登場する第三者の行為やものごと、状態などを高めて敬意を表す。
2 謙譲語Ⅰ	自分側を低めることによって、行為やものごとが向かう先の人物を高めて敬意を表す。
3 謙譲語Ⅱ	自分側の行為を低めることによって、聞き手または読み手に敬意を表す。
4 丁寧語	相手を問わず話し手または書き手の丁寧な気持ちを表す。
5 美化語	文章や会話を美しく、上品に表そうとするときの表現。

使いこなすポイントは、「立てるべき相手が誰なのか」を押さえる

敬語には、つねに「相手（側）を立てる」というきほんのルールがあります。「相手」の概念は流動的で、たとえば上司の場合、ふだんは立てるべき相手であっても、お客様や取引先など社外の人の前では「自分側」の人物として立てる対象にはならず、敬語は用いません。このように、敬語の向かう相手は状況やその場の人間関係、自分の置かれた立場によって変わり、それぞれの場面でふさわしい表現も異なります。これらを正しく見極め敬語を使いこなすためには、ある程度経験が必要となりますが、まずは自分の言葉が誰に向かうものなのかを考え、「立てるべき相手が誰なのか」を押さえることが大切です。

社内では……

社外では……

尊敬語 「いらっしゃる・おっしゃる」型

相手、または第三者の行為やものごとを立てて述べる

尊敬語は、相手や話題に登場する第三者の動作やものごと、状態などを高めて相手に敬意を表す敬語です。「言う」を「おっしゃる」、「見る」を「ご覧になる」というように、言葉そのものが変わるものと、動詞と組み合わせて「お・ご〜になる・なさる」「〜れる・られる」、または「お・ご〜くださる」「〜くださる」という表現で相手を立てるものがあります。また、「お名前」「ご住所」「お忙しい」などのように、ものごとや状態に「お・ご」をつけて尊敬語となるものもあります。

▼尊敬語の例▼

企画部の高橋様はいらっしゃいますか?
恐れ入りますが、お名前をうかがってもよろしいですか?
受付

尊敬語の種類

1 言い換え形式

いらっしゃる（行く・来る・いる）、召し上がる（食べる・飲む）のように、言葉そのものが敬語独自の表現に変わるもの。

行く⇨**いらっしゃる、おいでになる**

例 来週は、出張で海外にいらっしゃるそうですね。

来る⇨**いらっしゃる、おいでになる、お越しになる**

例 ○○社の田中様がいらっしゃいました。

2 つけたし形式

1.「お・ご～になる・なさる」「お・ご～くださる」

動詞の前後に決まった表現をつけて相手を高めることができる敬語。広く応用でき、「れる・られる」よりも丁寧な敬語となる。

待つ⇨**お待ちになる**

例 こちらでお待ちになりますか？

知らせる⇨**お知らせくださる**

例 予定が決まり次第、お知らせください。

2.「～れる・られる」

かしこまりすぎずに敬意を表すことができる表現だが、「可能」や「受け身」と間違えやすく、二重敬語（→p.44）になりやすいので注意。

戻る⇨**戻られる**

例 佐藤様は、すぐに戻られるそうです。

行く⇨**行かれる**

例 どちらへ行かれるご予定ですか？

謙譲語I 「うかがう・申し上げる」型

相手、または第三者に向かう行為やものごとを立てて述べる

謙譲語Ｉは、自分側を下げることで行為の〈向かう先〉である相手を高める敬語です。「見る」を「拝見する」、「行く・来る」を「まいる」、「訪れる・聞く・尋ねる」を「うかがう」というように言葉そのものが変わるものと、動詞と組み合わせて「お・ご～する」という2つのタイプがあります。使うときは、「資料を拝見ください」「弟にお伝えします」など、立てるべき相手の行為や、立てる必要のない対象に対して用いないように注意します。

▼謙譲語Iの例▼

こちらの資料を
ご覧ください。
拝見いたします。

謙譲語Iの種類

1 言い換え形式

お目にかかる（会う）、いただく（食べる・飲む、もらう）のように、言葉そのものが謙譲語独自の表現に変わるもの。

行く⇨うかがう、まいる

例 ただいままいります。

いる⇨おる

例 出張で仙台におります。

2 つけたし形式

自分の行為を示す動詞の前後に「お・ご～する」「お・ご～いたす」「お・ご～いただく」などをつけて、相手を高める敬語。

紹介する⇨ご紹介する

例 よろしければご紹介いたします

話す⇨お話しする

例 私から、お話しいたします。

ここが間違いやすい

「お話しする」「ご紹介する」など、自分の行為に「お」や「ご」をつけるのは、“自分の側には「お・ご」をつけない”という敬語のきほんからすると妙な感じがします。しかし、謙譲語Iの「お・ご」は、自分の行為であっても自分を立てるのではなく、行為の〈向かう先〉を立てることが目的です。そのため、自分の行為に「お・ご」をつけるときは、その行為が必ず相手に向かっていることを確かめ、それらが自分の側に向かうときはつけないように気をつけます。

謙譲語Ⅱ 「まいる・申す」型

自分側の行為やものごとを、相手に対して丁重に述べる

謙譲語Ⅱは、おもに自分の行為を改まった表現で述べることにより、聞き手や読み手に対して丁重さを表し、相手を高める敬語です。話し手が、丁重（礼儀正しく丁寧なこと）な言葉で聞き手に直接敬意を表すことから「丁重語」とも呼ばれます。基本的には自分側の人物の行為について用いられますが、「向こうから大勢の人がまいりました」「車がまいりました」というように、相手を立てるために立てなくても失礼にあたらない第三者やものごとにつけて使うことができます。

▼謙譲語Ⅱの例▼

タクシーがまいりました。
それでは、失礼いたします。

謙譲語Ⅱの種類

謙譲語Ⅱは「まいります（行く・来る）」「申します（言う）」などのように、「〜ます」を伴って用いるのが一般的です。かしこまった表現のため、語尾まできちんとした敬語表現を心がけます。また、丁重な表現で相手を高めることから、とくに立てるべき〈向かい先〉がなくても用いることができるのも大きな特徴のひとつです。

行く⇨まいる（立てるべき〈向かい先〉が部長の場合）

例 部長のところへまいります。

行く⇨まいる（立てるべき〈向かい先〉がない場合）

例 会議室へまいります。

謙譲語Ⅰと謙譲語Ⅱ両方の性質をもつ敬語

基本的に、謙譲語Ⅰと謙譲語Ⅱは異なる性質をもつ敬語ですが、例外的に「お・ご〜いたす」という表現には、その両方の性質が含まれます。たとえば、「（社長に）ご説明いたします」や「お荷物をお持ちいたします」などというときの「いたす」は「する」の謙譲語（謙譲語Ⅰ）です。しかし、同時に行為の〈向かい先〉である相手を立てるための「ご説明する」や「お持ちする」をさらに丁重に表す表現（謙譲語Ⅱ）でもあるため、自分の行為の〈向かい先〉を立てながら、相手に対して丁重に述べる働きをもつ言葉となるのです。

丁寧語 「です・ます・ございます」型

相手に対する話し手の丁寧な気持ちを表現する

丁寧語は、尊敬語や謙譲語のように誰かを立てたり、へりくだることで敬意を表すのではなく、「です」や「ます」「ございます」などの語尾で丁寧な気持ちを表すものです。尊敬語や謙譲語ほどかしこまらず、語尾を変えるだけで軽い敬意を表すことができるため、もっともよく使われる敬語です。「です」「ます」「ございます」の3つが代表的な表現ですが、「です」や「ます」ではあまり敬意が感じられないため、上司や社外の人などはっきりと立てたい相手には、いちばん丁寧な「ございます」を使うようにします。

▼丁寧語の例▼

丁寧語の種類

語尾に「です・ます・ございます」をつければ丁寧語になります。ふだんから使っている言葉なのでむずかしくはありませんが、社会人になったら、「ございます」も使いこなせるように意識してみましょう。

例 会議は1時からです。

例 会議は1時からでございます。

ビジネスシーン独特の表現に言い換え改まった雰囲気を出す

ビジネスや改まった場面で敬語とともによく用いられる表現に「改まり語」があります。これらを用いることで敬語の表現力が一段と高まるので、できるだけ覚えて使いこなしましょう。

改まり語一覧

ふだんの言葉	改まり語	ふだんの言葉	改まり語
きょう	本日	こっち	こちら
きのう	昨日（さくじつ）	そっち	そちら
あした	明日（あす・みょうにち）	あっち	あちら
おととい	一昨日（いっさくじつ）	どっち	どちら
あさって	明後日（みょうごにち）	どう	いかが
今年	本年	どこ	どちら
去年	昨年（さくねん）	誰（だれ）	どなた
おととし	一昨年（いっさくねん）	どんな	どのような
ゆうべ	昨夜（さくや）	どれくらい	いかばかり
さっき	先ほど	どう	いかが
あとで	後ほど	どうか	なにとぞ
すぐに	ただいま、至急、早急に	わたし・ぼく	私（わたくし）
いま	ただいま	少し	少々
この間	先日	いい	よろしい
これから	今後	送る	送付する
前から	以前から	書く	記入する
もうじき	まもなく	配る	配布する
今度	このたび	確かめる	確認する
この前	前回	考える	再考する
この次	次回	忘れる	失念する

美化語 「お酒・お料理」型

会話や文章を美しく、上品に表現したいときに用いる

美化語は、誰かを立てるためではなく、話し手が表現を美しくするための敬語です。名詞に「お」や「ご」をつけたり、言葉を言い換えて用いたりします。

「お・ご」をつけるときは、訓読みの「和語」には「お」が、音読みの「漢語」には「ご」がつくのが一般的です。ただし、「事故」や「犯罪」のように悪い意味をもつ言葉や、外来語などにはつけないため注意します。

▼美化語の例▼

美化語一覧

ふだんの言葉	美化語
うまい	おいしい
腹	おなか
飯	ごはん
菓子	お菓子
金	お金
酒	お酒
米	お米

ふだんの言葉	美化語
天気	お天気
手紙	お手紙
電話	お電話
風呂	お風呂
祝儀	ご祝儀
掃除	お掃除
勤め	お勤め

尊敬語・謙譲語一覧

基本形	尊敬語	謙譲語・丁重語
会う	お会いになる 会われる	お会いする お目にかかる
与える	くださる	差し上げる 進呈する 贈呈する
言う	おっしゃる 言われる	申す 申し上げる
行く	いらっしゃる おいでになる お越しになる	うかがう まいる 参上する
いる	おいでになる いらっしゃる	おる
受け取る	受け取りになる 受け取られる	いただく お受け取りする 拝受する
売る	お譲りになる お売りになる	お譲りする お売りする ご利用いただく
思う	お考えになる お思いになる	存じ上げる 存じる
買う	お買いになる 買われる お求めになる お買い求めになる お買い上げになる	
帰る	お帰りになる	おいとまする 失礼する 帰らせていただく
借りる	お借りになる	お借りする 拝借する
がんばる	お励みになる ご尽力	努めさせていただく 努力させていただく

基本形	尊敬語	謙譲語・丁重語
聞かせる	お聞かせになる	お聞かせする お耳に入れる
聞く	お聞きになる 聞かれる お耳に入る	お聞きする うかがう 拝聴する 承る
気に入る	お気に召す	
決める	お決めになる ご決定 ご英断	
着る	お召しになる 召す 御着用	着させていただく
来る	いらっしゃる おいでになる お見えになる お越しになる	まいる
くれる	くださる	
叱る	お叱りになる	いさめる
死ぬ	お亡くなりになる 亡くなられる ご逝去 ご永眠 ご他界	
知っている	ご存じ 知っていらっしゃる	存じる 存じ上げる
住む	お住まいになる	
する	される なさる	いたす
座る	お座りになる お掛けになる	

基本形	尊敬語	謙譲語・丁重語
尋ねる	お尋ねになる お聞きになる お問い合わせになる	うかがう おうかがいする お尋ねする お聞きする
訪ねる	お訪ねになる いらっしゃる 訪問なさる	うかがう お訪ねする
食べる	召し上がる お上がりになる	いただく 頂戴する
連れて行く	お連れになる	お供する ご一緒させていただく
寝る	お休みになる ご就寝	休ませていただく
飲む	お飲みになる 召し上がる	いただく
見せる	お見せになる お示しになる	お見せする お目にかける
見る	ご覧になる ご高覧 ご清覧	ご覧に入れる 拝見する 見せていただく 笑覧
もらう	お受け取りになる お納めになる	いただく 頂戴する
読む	お読みになる 読まれる	拝読する
わかる	おわかりになる ご理解 ご承知 ご了承 ご了解	かしこまる 承る 承知する お察しする

監修者プロフィール

美月あきこ（みづき・あきこ）

人財育成コンサルタント、CA-STYLE主宰、All Aboutビジネスマナーガイド。大学卒業後、17年間国際線客室乗務員として勤務の後、2005年に起業。年間180回以上、接客サービス・コミュニケーション・ビジネスマナー講師として全国各地で活躍する傍ら、CA経験者のポテンシャルを活かした企業向けマーケティングサービス「空飛ぶマーケッター」、現役CAに新商品のモニターを依頼できる「空飛ぶサンプリング」、そして現場スタッフに向けた接遇研修やコンサルティングを提供するCA-STYLEを主宰する。著書に『「上質な基本」を身につける！　ビジネスマナーの教科書』（TAC出版）、『“初対面の女王”が明かす　たった1分でうちとけ、30分以上会話がつづく話し方』（ダイヤモンド社）など。

デザイン	大悟法淳一、大山真葵、酒井美穂（ごぼうデザイン事務所）
イラスト	石村ともこ、つぼいひろき
執筆協力	石森康子、樋川淳代
校正	みね工房
編集協力	株式会社 童夢
企画・編集	成美堂出版編集部

スラスラわかる　敬語BOOK

監　修　美《み》月《づき》あきこ

発行者　深見公子

発行所　成美堂出版

〒162-8445　東京都新宿区新小川町1-7

電話(03)5206-8151　FAX(03)5206-8159

印　刷　大盛印刷株式会社

ISBN978-4-415-31793-9

落丁·乱丁などの不良本はお取り替えします

定価はカバーに表示してあります